독해력을 올리는

어원 이야기

일본어 독해

윤호숙 · 테라다 요헤이 공저

중급

다락원

독해력을 올리는 어원·이미지
일본어 독해 중급

지은이 윤호숙, 테라다 요헤이(寺田庸平)
펴낸이 정규도
펴낸곳 (주)다락원

초판 1쇄 인쇄 2023년 12월 20일
초판 1쇄 발행 2023년 12월 29일

편집총괄 송화록
책임편집 김은경, 정선영
디자인 장미연, 김희정

다락원 경기도 파주시 문발로 211
내용문의: (02)736-2031 내선 460~465
구입문의: (02)736-2031 내선 250~252
Fax: (02)732-2037
출판등록 1977년 9월 16일 제406-2008-000007호

값 14,000원

ISBN 978-89-277-1270-1   13730

http://www.darakwon.co.kr

• 다락원 홈페이지를 방문하시면 상세한 출판 정보와 함께 동영상강좌, MP3 자료 등 다양한 어학 정보를 얻으실 수 있습니다.
• 다락원 홈페이지 또는 표지의 QR코드를 스캔하시면 MP3 파일 및 관련자료를 다운로드 하실 수 있습니다.

머리말

　외국어를 배우고 익혀서 이를 통해 소통한다는 것은 궁극적으로 그 나라를 이해하기 위함이 가장 큰 목적이다. 우리가 일본어를 읽고, 쓰고, 말하기를 배우는 것도 일본의 전통, 종교, 사상, 문화, 생활 양식을 제대로 이해하는데 도움이 되기 때문이다. 일본과 일본인의 정신세계를 온전히 파악하고 이해하는 외국인이라면 일본 사람들과 원활한 관계를 가질 수 있다. 일본어 구사를 잘하는 것은 그만큼 그들 사회에 녹아 들어 더욱 깊숙하게 발 들여놓을 기회를 획득하게 되는 셈이다. 즉, 외국어를 배우는 학습자는 언어 구사 능력이 소통과 비례한다는 점을 잊어서는 안 된다.

　평소 외국어를 할 때 그 말의 어원에 대해 깊이 생각하지 사람은 그리 많지 않을 것이다. 그러나 말이란 살아 있는 생물체와 같아서 시대 환경과 함께 태어나 사용되다가 사라지기도 하고 살아남기도 하는데, 만약 그 말이 현재까지 살아남아 사용되고 있다면 그것이 어디에서 유래되어 사용되고 변화되었는지 여러 각도에서 살펴보아야 한다. 그래야 비로소 전체가 보이고 그 말의 진수(眞髓)를 이해할 수 있기 때문이다. 또한 그 나라에 관한 지식도 쌓이면서 자국민과의 원활한 소통 뿐만 아니라 일상생활에서도 다양하게 사용할 수 있다. 이러한 이유로 외국어를 배우는데 있어서 '어원'을 아는 것은 매우 중요한 일이다. 어원을 제대로 이해하고 있으면 논리적인 습득이 가능하기 때문에 단순 암기가 줄고 모르는 단어를 추측할 수 있어서 오용 발생 빈도도 적어질 것이다.

　'독해력을 올리는 어원 이야기 일본어 독해 중급'은 일본어의 대표적인 어휘와 표현에 관한 어원을 알기 쉽고 재미있게 설명함으로써 어휘력의 폭을 넓히고 어원을 알아가는 재미를 느끼며 자연스럽게 일본어 독해력 향상에 도움이 되도록 하였다. 본 교재를 통해 일본어의 다양한 어원을 이해하고 활용하여 향후 일본어 학습에 도움이 되었으면 한다.

　본 교재가 완성되기까지 애써 주신 다락원의 송화록 이사님과 김은경 부장님, 그리고 출판부 관계자 여러분께 깊은 감사의 뜻을 전하는 바이다.

저자 일동

이 책의 구성과 특징

- 이 책은 일본어의 초급 학습을 마친 중급 레벨의 학습자를 대상으로 한 중급 독해 교재입니다.

- 15개의 일본어 표현 및 어휘를 엄선하여 그 표현이나 어휘가 생겨나게 된 배경을 중심으로 내용이 구성되어 있습니다.

- 독해력 뿐만 아니라 일본어 표현과 관련된 어원 및 지식까지 익힐 수 있습니다.

- JLPT N2·3 수준의 어휘와 문법·표현을 사용하여, 일본어시험을 준비하는 수험생에게도 독해 실력을 기르는 데 도움을 줄 수 있습니다.

- 총 15화로 이루어져 있으며, 독해문과 WORD, 문법 예문의 음성은 QR코드를 통해 무료로 들으실 수 있습니다.

- 본문 읽기, 내용 체크, 확인 문제의 해석은 QR코드 또는 다락원 홈페이지(www.darakwon.co.kr)를 통해 무료로 다운로드 하실 수 있습니다.

본문 읽기

600~750자 정도의 길이로 표현이나 어휘의 어원을 재미있게 풀어 구성했습니다. 읽기 뿐만 아니라 MP3 음성을 통해 청해실력도 기를 수 있습니다.

내용 체크

본문을 이해했는지 내용을 체크하는 문제입니다. 속담의 주제나 본문 내용을 잘 이해했는지 체크합니다.

본문 읽기에서 나온 어휘 및 표현을 정리했습니다.
MP3 음성을 통해 단어의 뜻을 떠올리며 외워봅시다.

문법 알기

JLPT N2·3 수준의 문법을 독해문에서 뽑아 설명과 함께 예문을 실었습니다. 예문은 MP3 음성을 통해 복습할 수 있습니다.

확인 문제

독해문에서 다룬 어휘와 문법을 문제를 통해 복습할 수 있습니다. 문제는 되도록 일본어시험 문법파트에서 출제되는 형식으로 구성하였습니다.

豆知識(토막 상식)

토막 상식 코너로, 본문과 관련된 흥미로운 주제로 실려 있습니다.

본문 읽기 해석 및 내용 체크 정답

본문 읽기의 해석은 교재의 부록과 QR코드를 통해 확인하실 수 있습니다.

확인 문제 정답

확인 문제의 정답은 부록에 실려 있으며, 해석은 QR코드를 통해 확인하실 수 있습니다.

목차 & 학습 포인트

제1화

\# 입 달린 차에 타다

<ruby>口<rt>くち</rt></ruby><ruby>車<rt>ぐるま</rt></ruby>に<ruby>乗<rt>の</rt></ruby>る

口車に乗る
くちぐるま　の

「簡単にお金をかせぐことができる」という話を信じたら、だまされてしまった
かんたん　かね　　　　　　　　　　　　　　　　　　　　　　　　　はなし　しん
というニュースを見たことはありませんか。うまい話なんかあるわけがないのに、
相手の話に気がつかないうちにだまされていることがありますよね。こんなときに
あいて　　　き
使われる表現が「口車に乗る」です。日常会話では、よく「口車に乗せる」や「口
つか　ひょうげん　くちぐるま　の　　　　にちじょうかい　わ
車に乗せられる」という形でも使います。
かたち

　この「口車」には、言葉をうまく使って話すという意味があり、その由来には二
ことば　　　　　　　はな　　　　いみ　　　　　　　ゆらい　　ふた
つの説があります。1つ目は、車の車輪の説です。昔は、車と言えば荷物を運ぶリ
せつ　　　　　ひと　め　くるま　しゃりん　　　むかし　　　　　　にもつ　はこ
アカーしかありませんでした。このリアカーの車輪が回っている様子と、口先でう
まわ　ようす　くちさき
まく言い回している様子が似ていることから生まれたという説です。2つ目は、人
い　まわ　　　　　　に　　　　　　う　　　　　　　　　　ふた
をだますことを「乗せる」と表現することから、車に例えたという説があります。
たと
皆さんは、どっちの説が合っていると思いますか。
みな　　　　　　　　あ　　　おも

　昔から、うまい話には乗らないように「馬に乗るとも口車には乗るな」と言って
うま
注意していました。馬に乗るつもりだったのに、本当は乗ってはいけないはずの相
ちゅうい　　　　　　　　　　　　　　　　ほんとう
手のうまい口車に乗って、だまされてしまうからです。

　一方、ビジネスの世界での「口車」は営業マンにとって必要なテクニックかも
いっぽう　　　　　　せかい　　　　　　えいぎょう　　　　　ひつよう
しれません。営業内容を相手にきちんと伝えるためには、言葉をうまく使って話
ないよう　　　　　　　　つた
す必要があるからです。でも、普段から誰かの口車に乗らないよう気をつけましょ
ふだん　だれ
うね。

내용 체크

1 「口車に乗る」의 의미로 알맞은 것을 고르시오.

① 簡単にお金をかせぐことができるという話を聞くという意味

② 誰かがだまされているというニュースを見るという意味

③ 気がついたら相手の話にだまされているという意味

④ 友だちからうまい話があると聞いたという意味

2 본문의 내용과 맞는 것을 고르시오.

① 口車の意味と車輪が回っている様子は関係がない。

② 人をだますことを「乗せる」と表現することがある。

③ 馬には乗ってはいけないが口車には乗ってもいい。

④ 営業マンには内容をうまく話して伝えるテクニックが必要ではない。

WORD

口車 입발림, 감언이설

だます 속이다

相手 상대, 상대방

日常 일상

説 설, 주장, 의견

口先 말, 말투, 입에 발린 말

馬 말

ビジネス 비지니스, 사무, 일

内容 내용

普段から 평소, 평소에도

かせぐ 돈을 벌다

うまい話 달콤한 이야기, 감언이설

気がつく 깨닫다, 알아차리다

乗せる 태우다

車輪 ①(차의) 바퀴 ②부지런히 일함

言い回す 능숙하게 말하다

～とも ～라 하더라도, ～일지라도(=ても)

営業マン 영업 사원

きちんと 정확히, 말끔하게

～よう ～할 수 있게, ～하도록

信じる 믿다, 신뢰하다

話がうまい 말을 잘하다, 입담이 좋다

表現 표현

由来 유래

リアカー 리어카, 손수레

例える 예를 들다, 비유하다

～な ～마라〈금지〉

テクニック 테크닉, 기술

～ために ～하기 위해

문법 알기 ✳

① ～なんか ~등, ~따위, ~같은 것

명사나 명사에 준하는 말에 접속하여 예시나 열거할 때 사용한다. など보다 구어적이다.

- ・パソコンを日常で使うなら、これなんかどうですか。

  컴퓨터를 일상에서 사용한다면 이것 같은 거 어떻습니까?

- ・兄は歌がへただから、一緒にカラオケなんか行きたくない。

  형은 노래가 서툴러서 같이 노래방 따위 가고 싶지 않아.

② ～わけがない ~할 리가 없다

동사, い・な형용사의 사전형, 명사+の에 접속하여 절대 불가능하다는 의미를 나타낸다.

- ・ユンさんはまじめな人だから、レポートをわすれるわけがない。

  윤OO 씨는 성실한 사람이니까 리포트를 잊을 리가 없다.

- ・最近、仕事や約束などが多いので、週末ひまなわけがない。

  최근에 일과 약속 등이 많아서 주말에 한가할 리가 없다.

③ ～ないうちに ~하기 전에

동사와 い・な형용사의 ない형에 접속하여 어떤 상황이 되기 전이라는 의미를 나타낸다.

- ・父と母がいないうちに、誕生日パーティーの準備をしよう。

  아버지와 어머니가 없을 때 생일 파티 준비를 하자.

- ・忙しくないうちに、早く荷物を片づけましょう。

  바쁘기 전에 빨리 짐을 정리합시다.

14

④ 〜と言えば ~로 말하면, ~인즉, ~이라면

명사에 접속하여 화제 속 일에 대해 제시하여 말할 때 사용한다.

- 大阪の食べ物と言えば、お好み焼きやたこ焼きが有名です。
  오사카의 먹거리로 말하면, 오코노미야키와 다코야키가 유명합니다.

- うちの会社で一番の営業マンと言えば、やはり吉田さんですね。
  우리 회사에서 일등 영업맨이라면 역시 요시다 씨지요.

⑤ 〜つもりだ ~할 생각이다

동사의 사전형에 접속하면 '~할 생각(예정)이다'의 의미로 사용되나, 동사의 た/ている형, い・な형
용사의 사전형, 명사+の에 접속하면 '~라고 생각했는데 실제는 달랐다'는 의미를 나타낸다.

- かぜが良くなってから、学校に行くつもりです。
  감기가 낫고 나서 학교에 갈 생각입니다.

- 彼氏に自分の気持ちをきちんと伝えたつもりでしたが、気づいていなかったそう
  です。
  남친한테 내 기분을 제대로 전했다고 생각했는데, 눈치채지 못했다고 합니다.

⑥ 〜はずだ ~임이 분명하다, 당연히 ~할 것이다

동사, い・な형용사의 사전형, 명사+の에 접속하여 '어떤 일이 당연히 그래야 할 것임'의 의미를 나
타낸다.

- この計画書だったら、B社とビジネスはうまくいくはずだ。
  이 계획서라면 B사와 비지니스는 당연히 잘 될 것이다.

- この服は、すこし大きいですから、あなたには楽なはずです。
  이 옷은 조금 크기 때문에 당신에게는 편할 것입니다.

확인 문제

1 다음 괄호 안에 들어갈 말을 아래 보기에서 고르시오.

1 いつもあの人は（　　　　　）の約束が多い。

2 メールを送らないといけないことに（　　　　　）。

3 どんなうまい話でも、人を（　　　　　）のは良くない。

4 「口車に乗る」の意味を（　　　　　）覚えておく。

> **보기**　気がついた　　口先　　だます　　きちんと

2 다음 괄호 안에 들어갈 알맞은 말을 고르시오.

1 1ヶ月に100万円も簡単にかせげる話（　　　　　）ないよ。

A なんか　　　　B とは　　　　C にも　　　　D ように

2 キムさんは、日本語で仕事が（　　　　　）はずだ。

A できます　　　B できて　　　C できる　　　D できよう

3 そんな会話のテクニックでビジネスがうまい（　　　　　）。

A わけだ　　　B わけじゃない　　C わけでしょう　　D わけがない

4 子供たちが好きなアイスクリームを買って帰る（　　　　　）です。

A まま　　　　B つもり　　　　C から　　　　D うえ

3 ___★___ 안에 들어갈 말로 알맞은 것을 고르시오.

1 宿題を _____ ___★___ _____ _____。

    A うちに   **B** わすれない   **C** おこう   **D** 終わらせて

2 日本人が _____ _____ ___★___ _____ 野球です。

    A 好きな   **B** と   **C** 言えば   **D** スポーツ

3 こんな大変な生活を _____ _____ ___★___ _____ のだろうか。

    A なんか   **B** したい   **C** 人   **D** いる

4 テレビを _____ _____ ___★___ _____、気がついたら寝ていました。

    A でしたが   **B** いる   **C** 見て   **D** つもり

4 다음 [____] 의 말을 이용하여 올바른 문장을 만드시오.

1 パクさんは、もうすぐここに来ます。 ~はずだ

  ➔ _____。

2 今日はお客さんが少ないので、忙しくないです。 ~わけがない

  ➔ _____。

3 誰も気がつきませんでした。イさんは帰っていました。 ~ないうちに

  ➔ _____。

4 普段、休みの日には、家でゴロゴロしています。 ~と言えば

  ➔ _____。

신이 타는 가마, 神輿^{みこし}

　일본의 마쓰리(祭り, 축제)는 더운 여름에 열리는 경우가 많습니다. 옛날부터 여름에는 역병이 유행하는 경우가 많았는데, 사람들은 이 역병을 퇴치하기 위해 신에게 제사를 지냈습니다. 이것이 마쓰리의 기원인데, 마쓰리에는 미코시(神輿)와 다시(山車)가 반드시 등장합니다. 이 가운데서도 마쓰리의 꽃은 단연 신이 타는 미코시라고 할 수 있습니다. 미코시는 신이 신사(神社)에서부터 마쓰리를 행하는 장소로 이동하기 위해 타는 가마의 일종으로 신전 형태를 하고 있습니다. 신전은 신의 영역이기 때문에 사람이 타면 절대 안 됩니다. 반면 다시는 '야마(山)'라 하여 신을 봉양하기 위해 만든 가마입니다. 그래서 신을 대접하기 위해 사람들이 다시에 타서 악기를 연주하거나 춤을 춥니다. 예전에 일본에서 미코시에 사람이 탄 사건이 기사로 나와 떠들썩한 적이 있었습니다. 그만큼 미코시는 매우 신성하기 때문입니다.

신이 타는 가마, 미코시

신을 봉양하기 위해 만든 가마, 다시

제2화

手塩

てしお
手塩にかける

手塩にかける
てしお

　私たちにとって塩は、とても大切なものです。塩は、しょう油やみそのような調味料として使う一方で、雪が降ったときに道路にまいたり、ガラスの材料などで使ったりもします。そんな塩を使った言葉や独特の文化が、日本にはあります。「手塩にかける」もよく使う表現の一つです。では、どんな意味や由来があるのか、見てみましょう。

　江戸時代には、調味料と言えば塩ぐらいしかありませんでした。それで、料理と一緒に「手塩」が出されていました。「手塩」は「手塩皿」を略したもので、食卓に置かれた塩のことです。当時の人は、「手塩」を使って細かく自分の味に調整しており、この様子から自分で面倒を見ることを「手塩にかける」と表現するようになりました。つまり「手塩にかける」は「手塩にかけて育てた子供」のように、世話をして大切に育てるという意味で使われます。

　ところで日本では、塩には場所をきれいにする力があると信じられてきました。今でも、災害や事故などが起こるたびに、塩をまいてその場所をきれいにしたり、安全を祈ったりする文化があります。また、すもうでも、力士が土俵に上がってから塩をまくなど、同様の文化が見られます。

　「手塩にかける」以外にも「敵に塩を送る」や「青菜に塩」など、塩に関する面白い表現がたくさんあります。塩を料理に使いすぎるのは良くないですが、言葉や表現はどんどん使ってみましょう。

내용 체크

1　「手塩にかける」의 의미로 알맞은 것을 고르시오.

①　雪が降ったときに道路に塩をまいたりするという意味

②　子供のように大切に世話をして育てるという意味

③　料理と一緒に出てくる調味料の塩を使うという意味

④　塩を料理に使いすぎるのは良くないという意味

2　본문의 내용과 맞는 것을 고르시오.

①　江戸時代には、調味料と言えばしょう油ぐらいしかなかった。

②　江戸時代の人は、料理をする人が「手塩」を使って味を調整していた。

③　安全を祈ったりするときに、その場所に塩をまく文化が日本にはある。

④　力士が土俵に上がって塩をまくのは、場所をきれいにするためではない。

WORD

手塩 ①주먹밥을 만들 때 손에 묻히는 소금 ②옛날, 각자 마음대로 쓰도록 식탁에 놓았던 소금

かける (소금 등을) 치다, 뿌리다　　**みそ** 된장　　**調味料** 조미료

まく 뿌리다, 살포하다　　**～もする** ～(하)기도 하다　　**独特** 독특(함)

～ぐらい ～정도　　**手塩皿** 손소금 접시, 작은 접시　　**略する** 줄이다, 생략하다

食卓 식탁　　**調整** 조정, 조절　　**面倒を見る** 돌봐 주다

世話をする 돌봐 주다　　**ところで** 그런데　　**信じる** 믿다, 신뢰하다

災害 재해　　**祈る** 빌다, 기원하다　　**力士** 스모 선수, 씨름꾼

土俵 씨름판　　**同様** 같음, 같은 모양　　**敵** 적

青菜 푸른 채소, 푸성귀　　**どんどん** 자꾸, 계속

문법 알기 ✻

① **～にとって** ~에게 (있어서), ~의 경우에

명사에 접속하여 '~의 입장에서 생각하면'이라는 판단이나 평가의 기준이 되는 것을 나타낼 때 사용한다.

- 日本料理にとって、しょう油とみそは必ず使う調味料だ。
  일본 요리에 있어서 간장과 된장은 반드시 사용하는 조미료다.
- 親にとって、子供を育てることはとても大変なことです。
  부모에게 아이를 키우는 것은 매우 힘든 일입니다.

② **～一方で** ~하는 한편

동사나 형용사의 보통형에 접속하여 대비나 병렬의 의미를 나타낸다.

- 北海道は雪がたくさん降る一方で、九州はあまり降らないですね。
  홋카이도는 눈이 많이 내리는 한편 규슈는 별로 내리지 않지요.
- 1人で生活するのは楽しい一方で、時々さびしいと思うこともある。
  혼자서 생활하는 것은 즐거운 한편 가끔 외롭다고 생각하는 적도 있다.

③ **～しかない** ~밖에 없다

명사나 동사의 사전형에 접속하여 '그것밖에 다른 것이 없다'는 의미로 사용한다.

- 力士のことを聞くなら、佐藤さんしかないです。
  스모 선수에 대해 묻는다면 사토 씨밖에 없습니다.
- 毎日とても暑いので、エアコンを使うしかない。
  매일 너무 더워서 에어컨을 사용할 수밖에 없다.

④ ～たびに   ~때마다

동사의 사전형이나 명사+の에 접속하여 '~할 때는 언제나'라는 의미로 사용한다.

- 古田さんは、会うたびにめずらしいお菓子をくれます。
  후루타 씨는 만날 때마다 특이한 과자를 줍니다.

- 私は海外旅行のたびに、市場に行って買い物をする。
  나는 해외여행 때마다 시장에 가서 쇼핑을 한다.

⑤ ～てから   ~하고 나서, ~한 후

동사의 て형에 접속하여 앞의 동작을 한 뒤에 뒤의 동작을 하는 의미를 나타낸다.

- 災害が起こってから様々な準備をするのは遅い。
  재해가 일어난 후 여러 가지 준비를 하는 것은 늦다.

- シャワーを浴びてから、テレビを見ました。
  샤워를 하고 나서 텔레비전을 보았습니다.

⑥ ～に関する   ~에 관한

명사에 접속하여 '~에 관한 것이다'라는 의미로, 주로 문장체에서 사용한다.

- 日本のことわざに関する意味や由来について調べてみましょう。
  일본 속담에 관한 의미와 유래에 대해 조사해 봅시다.

- ジョンさんは、韓国の社会や文化に関する知識や情報がとても豊かだ。
  존 씨는 한국 사회와 문화에 관한 지식과 정보가 매우 풍부하다.

확인 문제

1 다음 괄호 안에 들어갈 말을 아래 보기에서 고르시오.

1 すもうでは、力士が土俵に塩を（　　　　　）ことがあります。

2 手塩皿は、江戸時代だけの（　　　　　）の文化でした。

3 昔は、塩を使って味を（　　　　　）して食べていました。

4 あの先輩は、後輩の（　　　　　）をよくみるやさしい人だ。

보기	調整	面倒	まく	独特

2 다음 괄호 안에 들어갈 알맞은 말을 고르시오.

1 地方の人（　　　　　）車は大切な移動手段です。

   A　という　　　　　B　のわりに　　　　　C　にとって　　　　　D　みたいに

2 卒業アルバムを見る（　　　　　）、学生の頃を思い出す。

   A　たびに　　　　　B　ついでに　　　　　C　とおりに　　　　　D　ばかりに

3 村上さんは、小説を書く（　　　　　）、大学でも教えています。

   A　ほどか　　　　　B　一方で　　　　　C　以上で　　　　　D　までか

4 友だちと一緒に昼ごはんを（　　　　　）図書館へ行きました。

   A　食べる間は　　　　B　食べた後には　　　C　食べるときに　　　D　食べてから

3 ___★___ 안에 들어갈 말로 알맞은 것을 고르시오.

1 冷蔵庫が古いから _____ ___★___ _____ _____ 。

   A 買う   **B** 新しい   **C** しかない   **D** のを

2 _____ _____ ___★___ _____ 、こちらへお願いします。

   A ゴミ捨て   **B** 関する   **C** お問い合わせは **D** に

3 ドラマを見ることは、_____ ___★___ _____ _____ です。

   A 一番の   **B** 楽しみ   **C** 祖母に   **D** とって

4 コンビニでは _____ _____ ___★___ _____ レシートをくれる。

   A する   **B** を   **C** たびに   **D** 買い物

4 다음 [   ]의 말을 이용하여 올바른 문장을 만드시오.

1 台風が来るから、会社を休みます。 ～しかない

  ➡ _____ 。

2 うまい話にだまされる人がいます。そうじゃない人もいます。 ～一方で

  ➡ _____ 。

3 日本のマンガやアニメの雑誌を読んでみます。 ～に関する

  ➡ _____ 。

4 インターネットでお店を予約します。藤本さんに電話をします。 ～てから

  ➡ _____ 。

동서가 다른 일본 간장의 맛

일본은 지리적으로 크게 동서로 나누어져, 간토(関東, かんとう)의 도쿄와 간사이(関西, かんさい)의 오사카로 대표됩니다. 이는 세키(関, 관문)를 기준으로 해서 각각 동쪽과 서쪽에 위치한 데서 유래합니다. 간토와 간사이는 생활습관·말·문화 등에서 큰 차이를 보이는데 그중 식문화가 대표적입니다. 특히 일본 요리에서 맛을 내는 데 없어서는 안 될 간장(しょうゆ)의 색과 농도만 봐도 알 수 있습니다.

간토 지역에서는 진한 간장을, 간사이 지역에서는 연한 간장을 주로 사용합니다. 일식의 기본이라고 할 수 있는 다시(出汁, だし)의 경우도 간토는 국물이 나오기 쉽고 진한 간장과 궁합이 좋은 가쓰오부시(かつおぶし, 가다랑어)를 사용하고, 간사이에서는 단시간에 양질의 국물을 낼 수 있는 다시마 육수가 주류를 이룹니다. 여기에는 산이 가까운 간토와 바다가 가까운 간사이의 지리적 요건, 그리고 경수(센물), 연수(단물)의 물 성분 등이 관련성이 크다고 합니다. 교토로 온 오다 노부나가(織田信長, おだのぶなが, 전국(戦国, せんごく)시대의 무장(武将, ぶしょう))가 음식이 싱거운 것에 격분한 것을 보고, 교토 요리사들이 시골뜨기라고 비웃었다는 일화도 있습니다.

간토의 진한 간장(濃いだししょうゆ)

간사이의 연한 간장(うすくちしょうゆ)

제3화

산을 걸고 내기하다

<ruby>山<rt>やま</rt></ruby>を かける

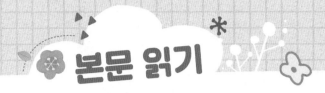

山をかける

「山をかける」という表現を知っていますか。これは、山を走り回るのではなく「万が一の幸運をねらって行動する」という意味です。この表現は、試験問題に出そうなところを予測するときにもよく使われます。なぜ「山をかける」が、このような意味で使われているのでしょうか。これには、職業と深い関係があります。では、どんな関係があるのか、ご紹介しましょう。

昔、山にある鉱物を探す仕事として「山師」という職業がありました。彼らが「この山から金や銀が出るに違いない」と言うと、大体当たりました。しかし、いつも山師が言ったとおりに、鉱物が出てきたわけではありませんでした。山師でも「山が当たる」こともあれば「山が外れる」こともありました。このように山師は、当たり外れも多かったので、運を天に任せたり、自分の経験や勘に頼ったりしていました。それであまり確かではないものや場所にも、お金を使ったり人を働かせたりしていました。つまり「山をかける」は、山から鉱物が出るかどうか、山師が「かけ」をしていたことから生まれたわけです。試験の場合もどんな問題が出るか予測し、「かけ」をするという点から「山をかける」のです。

ところで、この「山をかける」と関連した表現として「山勘」があります。この「山勘」は、自分の「勘」を頼りにして、適当に「山をかける」場合に使います。

もし「山をかけて」うまくいったとしても、その時だけの成功にすぎないので、次はしっかり準備するようにしてくださいね。

내용 체크

1 「山をかける」의 의미로 알맞은 것을 고르시오.

① 山師が言ったことが大体当たるという意味

② 山師が山を走り回って鉱物を探すという意味

③ 山から金や銀がたくさん出てくるという意味

④ 幸運をねらって予測しながら行動するという意味

2 본문의 내용과 맞는 것을 고르시오.

① 山師は、運を天に任せたり、自分の経験や勘に頼っていた。

② 確かではないものや場所には、お金は使わない人がいた。

③ 昔の人は、他の山師たちと「かけ」をすることが多かった。

④ 「山勘」とは、自分の勘ではなく、他人の勘を頼りにすることである。

WORD

かける (목숨 등을) 걸다, 내기를 하다

幸運 행운

予測 예측

山師 광맥을 찾는 직업의 사람

当たり外れ 성공과 실패, (예상의) 적중과 빗나감

天に任せる 하늘에 맡기다

確か 확실함, 틀림없음

関連 관련

うまくいく 일이 잘 되다, 성취되다

準備する 준비하다

走り回る 뛰어다니다, 돌아다니다

ねらう 노리다, 겨냥하다

職業 직업

当たる 맞다, 적중하다

勘 감, 직감

働かせる 일을 시키다

山勘 요행수를 바람, 사기꾼

成功 성공

万が一 만일, 만에 하나

行動する 행동하다

鉱物 광물

山が外れる 예상이 빗나가다

運 운, 운명

頼る 의지하다, 믿다

かけをする 내기를 하다

適当に 적당히

しっかり 단단히, 확고히, 똑똑히

문법 알기 *

① ～に違いない ~임에 틀림없다, 틀림없이(보나마나) ~이다

동사, い형용사의 보통형, な형용사의 어간, 명사+である에 접속하여 '어떤 사실이 반드시 그렇다' 는 의미를 나타낼 때 사용한다.

- 山で会った人から、ここから金が出るに違いないと言われましたが出ませんでした。
  산에서 만난 사람한테 여기서 금이 틀림없이 나온다고 들었지만 나오지 않았습니다.

- 西山さんの作るカレーはとても人気があるから、おいしいに違いない。
  니시야마 씨가 만드는 카레는 매우 인기가 있기 때문에 틀림없이 맛있다.

② ～とおりに ~대로

동사의 사전형과 た형, 명사+の에 접속하여 '~과 마찬가지'라는 의미로 사용한다. 명사에 바로 접속하는 경우에는 탁음화되어 '명사＋どおり'의 형태로 사용한다.

- 先生の言ったとおりに、ひらがなをノートに書いてみる。
  선생님이 말씀하신 대로 히라가나를 노트에 적어 본다.

- 地図のとおりに行きましたが、お店はありませんでした。
  지도 대로 갔지만 가게는 없었습니다.

③ ～わけだ／～わけではない (반드시, 전부) ~인 것이다/~하는 것은 아니다

～わけだ는 동사와 형용사의 사전형에 접속하여 '어떤 사실이 당연히 그렇다'는 것을 설명하거나 설명을 듣고 잘 알았을 경우에 사용한다.

이에 반해 ～わけではない는 ～わけだ와 접속형태는 같으나 '전부 ~라고는 할 수 없다'는 의미로, '~라는 것은 아니다'와 같은 부분부정의 의미와, 직전의 일로 당연히 예상되는 것을 완곡하게 부정하는 경우에 사용한다.

- 今日は、ここで祭りがあるから人が多いわけだ。
  오늘은 여기에서 축제가 있어서 사람이 많은 것이다.

- 宝くじを買ったからと言って、必ず当たるわけではないです。
  복권을 샀다고 해서 꼭 당첨되는 것은 아닙니다.

4 **～も～ば～も**   ~도 ~하고 ~도, ~도 ~하는가 하면 ~도

'명사も+동사·형용사의 ば형+명사も'의 형태로 접속하여 열거의 의미를 나타낼 때 사용한다.

- 日本人にも漢字が得意な人もいれば苦手な人もいます。

  일본인에도 한자를 잘하는 사람도 있는가 하면 못하는 사람도 있습니다.

- チェさんなら英語も話せれば中国語も話せるでしょう。

  최00 씨라면 영어도 할 수 있고 중국어도 할 수 있겠지요.

5 **～としても**   ~라고 해도

동사·형용사·명사의 보통형에 접속하여 '만약 ~가 발생했다고 하더라도' 라는 의미로 앞의 조건이

성립해도 뒤의 조건에는 영향을 미치지 않는다는 것을 나타낸다.

- このビジネスが失敗したとしても、また次の機会がある。

  이 사업이 실패했다고 해도 또 다음 기회가 있다.

- いくら体にいいとしても、そんな高いものは買えません。

  아무리 몸에 좋다고 해도 그렇게 비싼 것은 살 수 없습니다.

6 **～にすぎない**   ~에 불과하다, ~에 지나지 않다

동사·い형용사의 보통형, な형용사와 명사+である, 또는 명사에 접속하여 정도가 낮은 것을 강조

할 때 사용한다.

- この街で生活を始めたと言っても、まだ半年にすぎません。

  이 거리에서 생활을 시작했다고 해도 아직 반년에 불과합니다.

- 彼女はただ、自分の考えをみんなに話しているにすぎない。

  그녀는 단지 자신의 생각을 모두에게 말하고 있는데 불과하다.

확인 문제

1 다음 괄호 안에 들어갈 말을 아래 보기에서 고르시오.

1 山口くんのテストの（　　　　　）は全然当たっていなかった。

2 （　　　　　）私が来なくても、時間になったら始めてください。

3 今度できる駅前の新しいマンションを（　　　　　）人が多いです。

4 自分の勘を信じていたら必ず（　　　　）します。

보기	ねらう	予測	成功	万が一

2 다음 괄호 안에 들어갈 알맞은 말을 고르시오.

1 小川さんは歌がとても上手だから、歌手になる（　　　　）。

　　A に限らない　　　B によらない　　　C に違いない　　　D に当たらない

2 本に書いてある（　　　　）作りましたが、失敗しました。

　　A とおりに　　　B ことに　　　C おきに　　　D かわりに

3 土曜日に雨が降る（　　　　）、運動会は行います。

　　A にしたがって　　B と比べて　　　C といえば　　　D としても

4 苦手なだけで、コーヒーが飲めない（　　　　）。

　　A わけだ　　　B わけではない　　C わけでした　　D わけだろう

3 ____★____ 안에 들어갈 말로 알맞은 것을 고르시오.

1 _____ _____ __★__ _____ 、今度の会議に出てもいいですか。

    A 希望に   **B** すぎません   **C** が   **D** 私の

2 ソンさんは、_____ __★__ _____ _____。

    A できれば   **B** スポーツも   **C** 勉強も   **D** 上手です

3 男は _____ _____ __★__ _____ 布を売りに行きました。

    A とおり   **B** むすめの   **C** に   **D** 言った

4 この仕事が _____ __★__ _____ _____ なるよ。

    A 大変だ   **B** 経験に   **C** としても   **D** いい

4 다음 ▨▨▨ 의 말을 이용하여 올바른 문장을 만드시오.

1 あのうどん屋は、いつも人が少ないからおいしくない。 ～に違いない

   ➡ _____ 。

2 この音楽はとても有名ですが、今だけの人気です。 ～にすぎない

   ➡ _____ 。

3 島田さんはお金持ちだから、高い車を持っています。 ～わけだ

   ➡ _____ 。

4 会場までバスで行く人がいます。地下鉄で行く人がいます。 ～も～ば～も

   ➡ _____ 。

일본에서 가장 재수 좋은 꿈, 富士山
ふ じ さん

일본에서는 오래전부터 운(運)에 대한 믿음이 강해서, 운을 좋게 하기 위한 여러 가지 방법들이 유래는 다르지만 지금까지도 다양하게 전해져 생활 깊숙이 자리잡고 있습니다. 예를 들면, 스모에서 시합 전 씨름판에 액땜을 위해 소금을 뿌린다거나, 신사(神社)에서 종을 치면서 소원을 빌고 세 번 절을 한다거나, 재수가 없는 숫자나 말을 가려 쓰는 등 헤아릴 수 없이 많습니다.

이와 마찬가지로 설날 밤에 꾸는 꿈을 하츠유메(初夢)라고 하는데, 이때 후지산(富士山)을 보면 그 해 좋은 일이 생길 거라고 생각했습니다. 후지산 꿈이 제일 좋은 이유는 일본에서 가장 높다는 것과 산이 아래를 향해 퍼져 나가는 모습이 번영의 의미를 담고 있기 때문입니다. 다음으로 매와 가지가 좋은 꿈인데, 매는 높이 날고 가지는 자손 번성의 의미가 있어서입니다. 이 꿈의 유래로는, 도쿠가와 이에야스(德川家康)가 스루가(駿河) 지역의 승푸성(駿府城)에 은거하면서 후지산과 후지산 산록에 사는 매, 그리고 그 지역에서 생산되는 가지가 일품이라 '최고'의 상징으로 꼽았다는 설이 가장 유력합니다.

지금도 후지산 꿈은 최고의 길몽으로, 후지산 꿈을 꾼 다음날 복권을 사서 당첨된 사람이 실제로 있다고 합니다.

일본에서 가장 높은 산인 후지산

제4화

심장에 털이 나 있다

<ruby>心<rt>しん</rt></ruby><ruby>臓<rt>ぞう</rt></ruby>に<ruby>毛<rt>け</rt></ruby>が
<ruby>生<rt>は</rt></ruby>えている

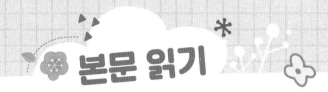

心臓に毛が生えている

心や心臓に関する表現は世界中にありますが、当然日本語にもあります。「心臓に毛が生えている」もその中の一つです。心臓なんかに毛が生えるはずがないですよね。でも、世の中には「心臓に毛が生えている」人がいるのです。では、毛が生えているとしたら、いったいどんな人なのでしょうか。そして、どんな由来があるのでしょうか。

「心臓に毛が生えている」は、江戸時代に使われていた「肝に毛が生える」に由来します。「肝」は、もともと勇気や精神力などを意味し、「肝がすわる」や「肝っ玉」のように使われました。そして、昭和になってから西洋の考え方による影響を受けて、心や心臓の意味も表すようになりました。

毛には、皮膚や体の色々な部分を守ったり強くする役割があるそうです。もし心臓に毛が生えていたら、毛に守られ丈夫で強い心臓になるかもしれません。そこから「心臓に毛が生えている」は、「あの選手が緊張しないのは、心臓に毛が生えているからだ」のような「何事も恐れない」という良い意味と、「お金も払わないで帰るなんて、心臓に毛が生えている」のように「図々しく厚かましい」という悪い意味を持つようになりました。しかし、「部長に意見を言うなんて、彼は心臓に毛が生えているね」の場合は、「彼は勇気があるよね」という意味はもちろん「彼は厚かましいよね」という意味もあわせ持っています。

もし周りの人が、あなたに良い意味で「心臓に毛が生えている」と言えば、うれしいかもしれません。でも、一歩間違えると、図々しい人だと思われかねないのでどっちの意味なのかよく考えましょうね。

1 「心臓に毛が生えている」의 의미로 알맞은 것을 고르시오.

① 毛に守られている強い心臓を持っている人という意味

② 他の人の分のお金も払って帰っていく人という意味

③ 何事も恐れないで、勇気がある人という意味

④ 上司に意見を言うことができない人という意味

2 본문의 내용과 맞는 것을 고르시오.

① 良い意味で「あなたは心臓に毛が生えている」と言われることはない。

② 昭和になってから心臓のことを「肝」と言うようになった。

③ 「肝」という言い方は、西洋の考え方から来たものである。

④ 「肝」には、図々しく厚かましいという意味がある。

WORD

心臓 심장

当然 당연히

いったい 도대체

勇気 용기

肝っ玉 배짱, 담력, 용기

皮膚 피부

役割 역할

緊張 긴장

図々しい 뻔뻔스럽다, 넉살 좋다

周り 둘레, 주위

生える (풀·머리 등이) 나다, 생기다

～はずがない ～(할) 리가 없다

肝 간

精神力 정신력

影響 영향

体 몸, 신체

丈夫 튼튼함

何事 만사, 모든 일, 어떤 일

厚かましい 뻔뻔스럽다, 낯두껍다

一歩間違える 까딱 잘못하다

世界中 전 세계

世の中 세상, 인간 세계

もともと 원래, 본디부터

肝がすわる 배짱이 두둑하다, 담력이 세다

表す 나타내다, 증명하다

守る 지키다

選手 선수

恐れる 두려워하다, 겁내다

あわせ持つ 겸비하다, 둘 다 갖추다

① **～としたら**　～라고 하면(한다면)

동사·형용사·명사의 보통형에 접속하여 어떤 사실을 가정해서 말할 때 사용한다.

- 日本の文化で西洋の影響があるとしたら、それは何だと思いますか。
  일본 문화에서 서양의 영향이 있다고 한다면 그것은 무엇이라고 생각합니까?

- 下山さんの話が本当だとしたら、ホンさんは来週韓国に帰るんですね。
  시모야마 씨의 말이 사실이라고 하면 홍○○ 씨는 다음 주에 한국으로 돌아가겠네요.

② **～による**　～에 의한

명사에 접속하여 원인이나 이유, 근거를 나타낼 때 사용한다. ～によって의 형태로 사용하는 경우도 많다.

- この間の地震による被害が、新聞やニュースで出ていました。
  요전의 지진에 의한 피해가 신문과 뉴스에서 나왔습니다.

- 緊張したことによって、新商品の説明がうまくできなかった。
  긴장한 것에 의해 신상품 설명이 잘 되지 않았다.

③ **～を受けて**　～을 받아

명사에 접속하여 '받다'의 의미를 나타낸다. 동사 受ける의 て형이 문법화된 표현이다.

- ジャンさんは招待を受けて、大野さんの家に行きました。
  장○○ 씨는 초대를 받아 오노 씨의 집에 갔습니다.

- この話し合いには、部長の許可を受けて来ています。
  이 교섭에는 부장님의 허가를 받아서 왔습니다.

④ **〜なんて** ~하다니

동사·형용사·명사의 보통형에 접속하여 놀람, 경시, 경멸 등의 기분을 나타내며, 주로 구어체에서 사용한다.

- そんな図々しいことを言う**なんて**信じられない。
  그런 뻔뻔스러운 말을 하다니 믿을 수 없다.

- 鈴木さんが怖い**なんて**、聞いたことがないです。
  스즈키 씨가 무섭다니 들은 적이 없습니다.

⑤ **〜はもちろん〜も** ~은 물론 ~도

명사에 접속하여 '~은 말할 것도 없고 ~도'라는 의미로 당연하다는 것을 나타낼 때 사용한다.

- ここでは、野球**はもちろん**サッカー**も**することができます。
  여기에서는 야구는 물론 축구도 할 수 있습니다.

- この映画は、日本**はもちろん**海外**でも**人気があります。
  이 영화는 일본은 물론 해외에서도 인기가 있습니다.

⑥ **〜かねない** ~할지도 모른다

동사의 ます형에 접속하여 어떤 원인에 의해 나쁜 결과가 될 가능성이 있다는 의미를 나타낸다. 긍정형의 〜かねる는 '~하기 어렵다'는 의미로 사용된다.

- ここは車が多いから、気をつけないと事故が起き**かねない**。
  여기는 차가 많아서 조심하지 않으면 사고가 날지도 모른다.

- 私には分かり**かねます**から、イさんに相談してみてください。
  저는 이해하기 어려우니 이OO 씨에게 상담해 보세요.

확인 문제

1 다음 괄호 안에 들어갈 말을 아래 보기에서 고르시오.

1 来月の祭りの（　　　　　）を決めようと思います。

2 ここで（　　　　　）何が起きたのか教えてください。

3 （　　　　　）と大きなミスになるところでした。

4 お金もないのに車が欲しいと言うのは（　　　　　）ですよ。

보기　　厚かましい　　役割　　いったい　　一歩間違える

2 다음 괄호 안에 들어갈 알맞은 말을 고르시오.

1 もし10万円もらった（　　　　　）、何がしたいですか。

　A としても　　　B としたら　　　C とまでも　　　D といっても

2 警察は事件を（　　　　　）、この周りを見て回っています。

　A かけて　　　B 出して　　　C 起こして　　　D 受けて

3 毎日夜遅くまで起きていると、体を（　　　　　）かねないよ。

　A こわして　　　B こわそう　　　C こわし　　　D こわす

4 古川さんは、勇気は（　　　　　）、精神力もすごい人だ。

　A もちろん　　　B かなり　　　C なかなか　　　D なんとか

3 ＿＿★＿＿ 안에 들어갈 말로 알맞은 것을 고르시오.

1 ＿＿＿＿ ＿★＿ ＿＿＿＿ ＿＿＿、すずしい風が入ってきた。

   A 開ける   **B** ことに   **C** まどを   **D** よって

2 斉藤さんが ＿＿＿＿ ＿＿＿＿ ＿★＿ ＿＿＿＿ いないです。

   A 聞いて   **B** バイトを   **C** なんて   **D** やめる

3 ＿＿＿＿ ＿＿＿＿ ＿★＿ ＿＿＿＿ 目が覚めました。

   A 朝の   **B** 受けて   **C** 光を   **D** 日の

4 私の家では、＿＿＿＿ ＿★＿ ＿＿＿＿ ＿＿＿＿ います。

   A もちろん   **B** みそは   **C** しょう油も   **D** 作って

---

4 다음 ▨▨▨▨ 의 말을 이용하여 올바른 문장을 만드시오.

1 山田さんは、このうわさを誰かに言う。 ～かねない

  ➡ _____。

2 1ヶ月休みがもらえます。バイクで北海道に行きたいです。 ～としたら

  ➡ _____。

3 寺田さんが面白いことを言う。想像もできない。 ～なんて

  ➡ _____。

4 人々の力で街がとてもきれいになりました。 ～によって

  ➡ _____。

일본 최강 장수인 弁慶의 약점, 정강이
べんけい

　사람의 신체 부위를 가리키는 명칭 중 하나인 '아킬레스건'은 그리스 신화의 영웅 '아킬레스'의 힘줄이라는 뜻으로, 발뒤꿈치에 있는 힘줄을 가리킵니다. 이 신화를 바탕으로 '몸에서 유일하게 상처를 입을 수 있는 곳'이라는 것에서 유래되어, 지금은 '치명적인 약점'이라는 뜻으로도 쓰입니다. 그런데 일본어에도 이와 비슷한 의미의 신체 부위가 있습니다. 바로 '벤케이(弁慶)'라는 인물에서 유래된 '弁慶の泣き所(벤케이의 약점)'입니다. 벤케이 같이 힘센 장수도 걷어차이면 울 정도의 급소라는 뜻으로, 정강이를 가리킵니다.

　벤케이는 헤이안시대 말의 인물로, 자신의 힘을 과시하기 위해 교토의 고조대교(五条大橋)를 지나는 무사 999명과 싸워 무기를 빼앗았습니다. 그러나, 앞으로 1개만 더 있으면 1000개가 되는 어느 날, 우와카마루(牛若丸)라는 소년에게 져서 그의 신하가 된 일화는 유명합니다. 그렇게 힘센 벤케이에게도 약점이 있었는데 그것이 바로 정강이였습니다. 벤케이는 정강이를 걷어차이면 눈물을 흘릴 정도로 아파했다고 하는데, 이 때문에 정강이를 '弁慶の泣き所'라고 부르게 되었습니다.

　벤케이가 들어간 재미있는 표현도 있는데, 집 안에서만 활개치는 사람을 가리켜 '우치벤케이(内弁慶)'라고 하고, 인터넷 상에서만 강하게 행동하는 사람을 '넷토벤케이(ネット弁慶)'라고 합니다. 이 밖에도 완고한 사람을 나타내는 '간코잇테츠(頑固一徹)'는 이나바 잇테츠(稲葉一鉄)라는 인물에서 유래되는 등, 역사적 인물이 언어 표현에 사용되는 예는 아주 많습니다.

도쿄 하마쵸(浜町) 공원에 있는 벤케이 동상

제5화

\# 말이 맞다

<ruby>馬<rt>うま</rt></ruby>が<ruby>合<rt>あ</rt></ruby>う

馬が合う

初めて会ったばかりなのに、気が合って友達になったことや、物を使ってみて自分によく合うと感じたことがあると思います。これを日本語では、「馬が合う」と言います。しかし、なぜ「馬が合う」というのでしょうか。乗馬をしたことがある人には分かるだろうと思いますが、馬は乗る人との相性をとても大切にします。どうしてそれが大切なのかと言うと、人と同じように馬にも色々な性格があり、馬に乗っている人と相性が合ってはじめて、本来の力が発揮できるからです。そんな馬との相性から、この表現が生まれました。

ところで、馬は、昔から日本でも同じ屋根の下で暮らしていたぐらい、人と近い関係にあります。それで、「馬」と関連した表現が数多くあります。ここでは知っておくと便利な二つの表現をご紹介しましょう。

まずは「生き馬の目を抜く」です。これは、早く行動する、または悪いことに頭が回って油断できないという意味です。人をだますことを「人の目を抜く」と言いますが、馬に変わったのは、馬は足が早い動物でそのスピードを強調したからです。

次に「馬の耳に念仏」です。いくら意見を言っても相手が全く理解しないという意味です。家族のように大切な馬に念仏を言ってあげても、意味を分かってくれないという話から生まれましたが、まあそれはできないに決まっていますよね。

このように馬に関する表現を使うときには、正しい意味を知ってからでないと、馬にけられて恥をかくことだってありますから気をつけましょうね。

내용 체크

1 「馬が合う」의 의미로 알맞은 것을 고르시오.

① 馬は乗る人との相性をとても大切にするという意味

② 人間が馬の本来の力を発揮することができるという意味

③ 物を使ってみて、自分には合わないと感じるという意味

④ 始めて会ったばかりの人と気がとても合うという意味

2 본문의 내용과 맞는 것을 고르시오.

① 「生き馬の目を抜く」は、相手が全く理解しないという話から生まれた。

② 日本では、馬は人と近い関係だったので、同じ屋根の下で暮らしていた。

③ 家族のように大切な馬に念仏を言ってあげると、理解してくれる。

④ 馬は、悪いことに頭が回って油断することができない動物である。

馬 말

相性 궁합이 맞음, 성격이 잘 맞음

本来 본래, 원래, 본디

暮らす 살다, 지내다, 생활하다

抜く 뽑다, 빼(내)다

スピード 스피드, 속도

全く ①완전히, 아주(+긍정) ②전혀(+부정)

正しい 옳다, 바르다, 맞다

〜だって 〜도 또한(역시)

気が合う 마음(기분)이 맞다

大切にする 중요하게(소중하게) 여기다

発揮 발휘

数多い 수많다, 수효가 많이 있다

頭が回る 머리가 잘 돌아가다

強調 강조

理解 이해

ける 차다, 걷어차다

乗馬 승마

どうして 왜, 어째서

屋根 지붕

生き馬 살아 있는 말

油断 방심, 부주의

念仏 염불

まあ 뭐, 지금으로서는, 그럭저럭

恥をかく 창피를 당하다

5 馬が合う 45

문법 알기 ✱

① ~たばかりだ　막~하다, ~한 지 얼마 안되다

동사의 た형에 접속하여 동작이 끝난지 얼마 안되는 것을 나타낼 때 사용한다.

・キムさんの犬は、1ヶ月前に生まれたばかりです。
  김OO 씨의 개는 한 달 전에 막 태어났습니다.

・妹は、さっき帰ってきたばかりだったが、また出かけていった。
  여동생은 아까 돌아온 지 얼마 안됐지만 다시 나갔다.

② ~だろうと思う　~일 거라고 생각하다, ~일 것 같다

「だろう」와「思う」를 합한 형태로, 동사·형용사·명사의 보통형에 접속하여 추측의 의미로 사용한다.

・小学生の息子なら、1人で買い物に行ってくることができるだろうと思った。
  초등학생 아들이라면 혼자서 쇼핑을 다녀올 수 있을 거라고 생각했다.

・春になったから、京都はさくらでとてもきれいだろうと思う。
  봄이 되었으니 교토는 벚꽃으로 아주 예쁠 것 같다.

③ ~(の)かと言うと　~인가 하면

동사·い형용사의 보통형, な형용사 어간, 명사+な에 접속하여 의문에 대한 해설의 형태로 사용한다. 의문에 중점을 두는 의미가 크다.

・どうして問題が起きたのかと言うと、確認しなかったからです。
  왜 문제가 생겼는가 하면 확인하지 않았기 때문입니다.

・大学の食堂が安いかと言うと、そうではないことがあります。
  대학 식당이 싼가 하면 그렇지 않은 적이 있습니다.

④ **～てはじめて**　~하고서 비로소, ~하고서야

동사의 て형에 접속하여 이전에는 한 적이 없고 처음으로 경험해서 알게 되었다는 의미를 나타낸다.

- やってみ**てはじめて**、プロ選手(せんしゅ)がすごいと知(し)りました。

  해 보고서 비로소 프로 선수가 대단하다는 걸 알았습니다.

- 直接(ちょくせつ)すもうを見(み)に行(い)っ**てはじめて**、その面白(おもしろ)さに気(き)づきました。

  직접 스모를 보러 가서야 그 재미를 알았습니다.

⑤ **～に決(き)まっている**　틀림없이 ~하다, ~할 게 분명하다

동사·형용사·명사의 보통형에 접속하여 강한 확신을 가지고 추측할 때 사용하는 추량표현이다

- 間違(まちが)っていることを人(ひと)の前(まえ)で言(い)うんだから、恥(はじ)をかく**に決(き)まっている**。

  틀린 말을 남 앞에서 하니 창피당할 게 분명하다.

- お互(たが)いに気(き)が合(あ)っているんだから、相性(あいしょう)がいい**に決(き)まっています**よ。

  서로 마음이 맞으니까 틀림없이 궁합이 좋아요.

⑥ **～てからでないと**　~하지 않고는, ~하지 않으면

동사의 て형에 접속하여 '~하고 나서가 아니면'이라는 의미로 사용한다.

- このゲームを遊(あそ)ん**でからでないと**、新(あたら)しいものを始(はじ)められない。

  이 게임을 하지 않고는 새로운 것을 시작할 수 없다.

- 説明(せつめい)を聞(き)い**てからでないと**、このエアコンを買(か)うか決(き)められない。

  설명을 듣지 않으면 이 에어컨을 살지 결정할 수 없다.

확인 문제

1 다음 괄호 안에 들어갈 말을 아래 보기에서 고르시오.

1 馬は、うまい人が乗ると（ 　　　　　）の力を出すことができる。

2 「馬が合う」の意味をちゃんと（ 　　　）できました。

3 少し（ 　　　）して、けがをしてしまいました。

4 夏休みに（ 　　　）友だちとキャンプに行きたいです。

> **보기**　　理解　　気が合う　　本来　　油断

2 다음 괄호 안에 들어갈 알맞은 말을 고르시오.

1 渡辺さんは、お風呂に（ 　　　　　）からでないと、晩ご飯を食べないそうです。

　　A 入って　　　　　　B 入る　　　　　　C 入った　　　　　　D 入らない

2 この雑誌は、さっき買ってきた（ 　　　　　）、もう読み終わったの？

　　A はずなのに　　　B あとなのに　　　C ほうがいいのに　　D ばかりなのに

3 山下さんなら、相手のことをうまく乗せる（ 　　　　　）。

　　A でしょうと思う　B だろうと思う　　C ことだと思う　　D ようだと思う

4 ていねいに説明するほうが分かりやすいに（ 　　　　　）。

　　A 決めている　　　B 知られている　　C 決まっている　　D 知っている

3 ___★___ 안에 들어갈 말로 알맞은 것을 고르시오.

1 そんなに熱^{ねつ}があるのに、_____ ___★___ _____ _____。

   A　なんて　　　　　B　仕事^{しごと}に行こう　　C　決^きまっている　　D　無理^{むり}に

2 _____ _____ ___★___ _____、正^{ただ}しい使^{つか}い方^{かた}ができます。

   A　はじめて　　　　B　この言葉^{ことば}の　　C　分^わかって　　D　意味^{いみ}を

3 彼女^{かのじょ}のことは好^すきだけど、_____ ___★___ _____ _____ したくないですね。

   A　と言^いうと　　　B　のか　　　　　C　結婚^{けっこん}　　　D　したい

4 パスポートを _____ _____ ___★___ _____、外国^{がいこく}には行^いけません。

   A　から　　　　　　B　して　　　　　C　でないと　　　D　準備^{じゅんび}

---

4 다음 _____의 말을 이용하여 올바른 문장을 만드시오.

1 ユンさんは元気^{げんき}な人だから、病気^{びょうき}にならない。 ～だろうと思^{おも}う

  ➜ _____。

2 注意^{ちゅうい}されて、道^{みち}を間違^{まちが}えていたことを知りました。 ～てはじめて

  ➜ _____。

3 この表現^{ひょうげん}を習^{なら}いましたが、忘^{わす}れてしまいました。 ～たばかりです

  ➜ _____。

4 なぜ先生^{せんせい}になりたいですか。子供^{こども}が好^すきだからです。 ～かと言うと

  ➜ _____。

일본인의 고양이 사랑

일본인은 옛날부터 고양이를 매우 좋아합니다. 그래서 우키요에(浮世絵, 에도시대의 풍속화)에도 많이 등장하며, 도라에몽(ドラえもん), 헬로키티(ハローキティ), 마네키네코(招き猫) 등 고양이가 모델인 캐릭터가 많습니다. 그런데 고양이는 원래 일본에 있었던 게 아니라 나라(奈良)시대에 불교 경전 등을 쥐로부터 지키기 위해 중국에서 들여온 것으로 알려져 있습니다. 그리고 고양이를 ねこ라고 부르게 된 것은 寝子, 즉 잘 자는 데에서 유래했다는 설이 유력합니다.

일본 닛코(日光)에 있는 도쇼구(東照宮)에 가면 '잠자는 고양이(眠り猫)'라는 고양이 조각상이 있습니다. 고양이가 안심하고 잘 수 있을 정도로 평화로운 세상을 의미한다고 하는데, 이 고양이는 정말 기분 좋게 자고 있습니다. 그러나 자세히 보면 희미하게 눈을 뜨고 자는 척하면서 이 도쇼구를 지키고 있다고도 합니다.

이렇게 일본인과 고양이는 떼려야 뗄 수 없는 관계로, 일본의 '고양이 문화(猫文化)'는 전 세계적으로 연구될 정도로 유명합니다. 최근에는 고양이 카페나 영화 '子猫物語(새끼 고양이 이야기)', 와카야마현(和歌山県) 키시역(貴志駅)의 삼색 고양이 '타마역장(たま駅長)' 등 고양이 열풍이 불며 일본인의 고양이 사랑은 그칠 줄을 모릅니다.

도쇼구의 '잠자는 고양이'

제6화

\# 기름을 팔다

<ruby>油<rt>あぶら</rt></ruby>を<ruby>売<rt>う</rt></ruby>る

油を売る

　油は、料理や薬など色々な物に使われているほど、私たちの生活に必要な物の一つです。また、油を用いた表現もたくさんありますが、その代表的な表現が「油を売る」です。これは、「むだ話をしてなまけている」という意味ですが、なぜこのような意味になったのでしょうか。

　まずは、この表現が生まれた江戸時代の暮らしについて見てみましょう。この時代は、大阪が経済の中心で、色々な物が日本中から集まり「天下の台所」と呼ばれていました。大阪の商人たちの中には、物を町で売って歩く人たちがいて、そこから多くの言葉が生まれました。「油を売る」もその中の一つです。当時の人々は、天ぷらのような食べ物や、部屋の明かりに油を使っていました。それを町で売って歩いていたのが、油売りでした。昔の油は、とてもとろとろしていて、入れ物に油が注がれるまで結構時間がかかっていました。それで油売りは、油を注いでいる間に、お客さんと世間話をして時間をつぶしていました。その様子が、仕事をしていないように見えたことから、いつしか「油を売る」は、なまけるという意味をもつようになりました。

　このように、油を使った表現には否定的なものが多いです。「油を注ぐ」もその例の一つで、火に油を注ぐともっと燃えるように、色々な状況により勢いを加えるという意味です。しかし、これを日本人は、「怒っている人に対して言わなくてもいいことを言ったせいでもっと怒らせてしまう」という意味でよく用います。日本語では、相手に注意をするときは「油を売る」や「油を注ぐ」などのように、物事に例えて遠回しに伝えます。もしこのように言われたら、相手に注意をされているということなので、自分の行動を見直すほうがいいですよ。

내용 체크

1　「油を売る」의 의미로 알맞은 것을 고르시오.

①　油売りは、お客さんと話をしないで売るという意味

②　仕事をしないで人と話してなまけているという意味

③　世間話をしないでまじめに仕事をしているという意味

④　人に言わなくてもいいことを言って怒らせるという意味

2　본문의 내용과 맞는 것을 고르시오.

①　大阪の商人たちの中には、物を売って歩く人たちがいた。

②　江戸時代の人たちは、部屋の明かりにだけ油を使っていた。

③　油を使った表現には、肯定的な意味のものが多い。

④　日本語では、相手に注意をするときには直接伝える。

WORD

油 기름	～ほど ～정도, ～만큼	用いる 쓰다, 사용하다, 이용하다
代表的 대표적	むだ話 쓸데없는 이야기, 잡담	なまける 게으름 피우다, 빈둥대다
天下 천하	商人 상인	当時 당시, 그때
明かり (등)불, 밝은 빛	油売り ①기름장수 ②게으름뱅이	とろとろ 눅진눅진, 끈적끈적
入れ物 그릇, 용기	注ぐ 쏟다, 쏟아지다, 따르다	世間話 세상 이야기, 잡담
時間をつぶす 시간을 때우다	様子 모습, 상태	いつしか 어느덧, 어느 사이에
否定的 부정적	例 예, 본보기	燃える 불타다, 타다
状況 상황	勢い 기세, 힘, 기운	加える 가하다, 더하다, 늘리다
怒らせる 화를 돋우다	注意をする 주의를 주다	物事 여러 가지(모든) 일, 사물
例える 비유하다	遠回し 에두름	見直す 다시 보다, 재검토하다

문법 알기 *

① **~について**   ~에 대해서, ~에 관해서

명사에 접속하여 어떤 행동의 대상을 나타낼 때 사용한다.

- 江戸時代の大阪の商人について、図書館で調べてみました。
  에도시대 오사카 상인에 대해서 도서관에서 조사해 보았습니다.

- 車の運転の仕方について、父に教えてもらいました。
  자동차 운전 방법에 대해서 아버지가 가르쳐 주었습니다.

② **~間に**   ~사이(동안)에

동사·형용사의 사전형, 명사+の에 접속하여 '계속 지속되는 것이 아니라 일정 기간 동안'이라는 의미를 나타낸다.

- チェさんがスーパーに行っている間に、部屋を片付けましょう。
  최OO 씨가 슈퍼에 가 있는 사이에 방을 정리합시다.

- 休み時間の間に、図書館へ本を返しに行ってきます。
  쉬는 시간 동안에 도서관에 책을 반납하러 다녀오겠습니다.

③ **~ことから**   ~한 이유로, ~때문에

동사·형용사·명사의 보통형에 접속하여 판단의 이유나 근거를 나타낼 때 사용한다.

- 新しい駅ができたことから、この街に引っ越してくる人が増えた。
  새 역이 생겼기 때문에 이 거리로 이사 오는 사람이 늘었다.

- 大学の近くは、学生が多いことから、安いアパートが多い。
  대학 근처는 학생이 많기 때문에 싼 아파트가 많다.

④ **～に対して** ～에게, ～에 대해

명사에 접속하여 동작이나 감정이 향하는 대상을 나타낸다.

- 年上の人に対して、失礼なことを言ってはいけません。
  연상인 사람에게 실례되는 말을 해서는 안 됩니다.

- 佐藤さんの発表に対して、たくさんの質問があった。
  사토 씨의 발표에 대해 많은 질문이 있었다.

⑤ **～せいで** ～탓에, ～바람에

동사·형용사·명사의 보통형에 접속하여 나쁜 결과가 된 원인의 의미를 나타낸다.

- アラームが鳴らなかったせいで、約束に遅刻しました。
  알람이 울리지 않은 바람에 약속에 지각했습니다.

- 最近、物の値段が高いせいで、買い物をする人が減っている。
  요즘 물건 값이 비싼 탓에 쇼핑하는 사람이 줄고 있다.

⑥ **～直す** 다시 ～하다

동사의 ます형에 접속하여 행위를 고쳐서 다시 한다는 의미를 나타낼 때 사용한다.

- すみませんが、この企画についてもう一度考え直してください。
  죄송하지만 이 기획에 대해 다시 한번 재고해 주세요.

- 田中さんの言ったとおりに、文章を書き直しました。
  다나카 씨가 말한 대로 문장을 다시 썼습니다.

확인 문제

1 다음 괄호 안에 들어갈 말을 아래 보기에서 고르시오.

1 週末は、喫茶店で一日中街を歩く人の（　　　　　）を見ていた。

2 イさんは、人の意見に（　　　　　）なことを言ってばかりです。

3 ここでは、静かにする方がいいと（　　　　　）に伝えました。

4 授業中には（　　　　　）をしないで、先生の話を聞きましょう。

> **보기**　遠回し　　様子　　むだ話　　否定的

2 다음 괄호 안에 들어갈 알맞은 말을 고르시오.

1 彼は、今回の決定（　　　　　）、不満があるそうです。

  A　において　　　B　にとって　　　C　によって　　　D　に対して

2 この看板には、ゴミの捨て方に（　　　　　）書かれています。

  A　したがって　　B　ついて　　　C　つづいて　　　D　あたって

3 お酒をたくさん飲んだ（　　　　　）、朝から頭が痛い。

  A　せいで　　　　B　うえで　　　C　おかげで　　　D　までで

4 携帯に電話がかかってきていたので（　　　　　）が、出なかった。

  A　かけるところだ　B　かけだした　　C　かけ直した　　D　かけ始めた

3 ___★___ 안에 들어갈 말로 알맞은 것을 고르시오.

1 _____ ___★___ _____ _____ 、がんばって働きました。

    A 間に   B みんなが   C いる   D 遊んで

2 このマンションは、_____ _____ ___★___ _____ 住みたい人が多いです。

    A こと   B 見える   C 海が   D から

3 兄は _____ ___★___ _____ _____ が、私にはきびしいです。

    A 弟に   B やさしい   C 対して   D です

4 _____ _____ ___★___ _____ 、りえさんに連絡できなかった。

    A が   B 壊れた   C 携帯電話   D せいで

4 다음 ▢▢▢▢ 의 말을 이용하여 올바른 문장을 만드시오.

1 カメラが古いので新しいものを買います。 ~直す

    ➜ _____ 。

2 このお寺は、庭が有名です。多くの観光客が来ます。 ~ことから

    ➜ _____ 。

3 学生の時に、経営学の勉強をしました。 ~について

    ➜ _____ 。

4 3年も会いませんでした。お互いに年を取りました。 ~間に

    ➜ _____ 。

스시집 생강, がり

　일본의 대표 음식인 스시(초밥)는 전 세계적으로 인기가 많습니다. 예전에는 서양 사람들이 날 것을 먹는데 익숙하지 않아 기피 식품이었던 적도 있었지만, 요즘에는 전 세계 어디를 가도 스시집이 번창하고 있습니다. 일본의 스시집에는 기본적으로 카운터석과 테이블석이 있는데, 일본 사람들은 '스시는 역시 카운터석에 앉아서 요리사가 눈앞에서 바로 만들어 주는 걸 먹는 게 제맛이지'라고 생각합니다.

　한편 스시집에서만 통용되는 단어도 몇 가지가 있는데, 먼저 '무라사키(紫, 자주색)'는 간장을 가리킵니다. 이는 간장의 색깔이 자주색이어서 그렇게 불리게 되었다고 합니다. 다음으로 생강을 뜻하는 '가리(がり)'는 생강을 먹을 때 '가리가리(아그작 아그작)' 소리가 나서 이런 이름이 붙었습니다. 차는 '아가리(あがり, 동작이 그침)'라고 하는데, 스시를 먹고 마지막으로 차를 마시기 때문에 이렇게 부릅니다. 이 말들을 사용하면 일본인들은 '오, 스시에 정통하네'라고 생각할 것입니다.

　일본에는 이렇듯 각 분야에서 사용하는 전문용어들이 있으니, 잘 알아 두었다가 나중에 일본인과 대화할 때 유용하게 사용하면 좋을 듯 합니다.

あがり

がり

紫

알아두면 도움되는 스시집 용어

제7화

\# 배 돌팔매

梨のつぶて

梨のつぶて

日本語では「おもしろい」を「面白い」のように、漢字の本来の意味を無視して作られた「当て字」をよく使います。当て字には、このような言葉ばかりでなく、様々な表現にも使われます。その代表的な表現が「梨のつぶて」です。

友だちにメッセージを送ったにもかかわらず、返事がなかったという経験があると思います。そして、返事をしない人に対して、なんてひどい人なのだろうと感じる人もいます。そんなときに「何度も連絡したのに、梨のつぶてだった」と言います。「梨のつぶて」は「相手から返事がない、無視されている」という意味です。

「つぶて」という単語をあまり聞いたことがないと思います。これは、投げる石、または小石のことです。小石を川に投げると二度と返って来ません。つまり、ここでの「つぶて」は、連絡をしても投げた石のように返事が返ってこない様子を例えているのです。

ところで「つぶて」には、目を閉じるという意味の「目をつぶる」の当て字だという説があります。「目をつぶる」は、見ないふりをするという意味になります。この「つぶる」は「つぶって」と活用しますが、これが「つぶて」と似ているという説です。

もともと「梨のつぶて」は、「無しのつぶて」と書いていました。これだと無いものは投げられないだけで、特に意味がありません。しかし「無し」の代わりに果物の「梨」を当て字に用いることで、物としてのイメージがしやすくなりました。つまり「無し」と「梨」をかけた言葉遊びだったのです。

最近は、スマートフォンに確認しきれないほどたくさんのメッセージが届くため、返事を忘れがちです。「梨のつぶて」にならないように、メッセージには返事をするようにしましょう。

내용 체크

1 「梨のつぶて」의 의미로 알맞은 것을 고르시오.

① メッセージを送ったらすぐに返事が来たという意味

② 返事をする人に、ひどい人だと感じるという意味

③ 何度も連絡したけれども、返事がないという意味

④ 届いていたメッセージに、返事を忘れていたという意味

2 본문의 내용과 맞는 것을 고르시오.

① 「つぶて」とは、川に投げても返ってこない石のことである。

② 「目をつぶる」には、目を閉じるという意味しかない。

③ 「当て字」は、漢字の本来の意味を考えて作られている。

④ 「梨」を「無し」の当て字に用いたことで、イメージしやすくなった。

WORD

梨 배

当て字 차용 글자, 한자 본래의 뜻과는 관계없이 음(音)이나 훈(訓)을 빌려서 쓰는 한자

返事 답장

単語 단어, 낱말

二度と 두 번 다시, 다시는

つぶる ①눈을 감다 ②묵인하다

無し 없음

かける 결부시키다, 연관시키다

~ため ~때문에

つぶて (던지는) 돌멩이, 돌팔매

感じる 느끼다

投げる 던지다

つまり 즉, 결국

~ふりをする ~인 척(체) 하다

特に 특히, 딱히

言葉遊び 말짓기 놀이, 언어유희

無視 무시

様々 여러 가지, 가지각색

何度も 몇 번이나, 몇 번이고

小石 작은 돌, 자갈, 조약돌

目を閉じる 눈을 감다

活用 활용

~代わりに ~대신(에)

届く 도달하다, 미치다

문법 알기 ✱

❶ ～ばかりでなく　~뿐만 아니라

동사·い형용사의 보통형, な형용사의 어간+な/である, 명사에 접속하여 '그것보다도 더 있다(한다)'라고 강조할 때 사용한다.

- 山田さんにスマートフォンをもらった**ばかりでなく**、使い方も教えてもらいました。
  야마다 씨가 스마트폰을 주었을 뿐만 아니라 사용법도 알려 주었습니다.

- このアパートは、交通が不便な**ばかりでなく**、周りにコンビニもありません。
  이 아파트는 교통이 불편할 뿐만 아니라 주변에 편의점도 없습니다.

❷ ～にもかかわらず　~에도 불구하고

동사·형용사의 보통형과 명사에 접속하여 예상과 다른 것에 대한 놀람, 불만, 비난의 기분을 나타낼 때 사용한다.

- ジョンさんは、疲れている**にもかかわらず**、家まで送ってくれた。
  존 씨는 피곤한데도 불구하고 집까지 바래다 주었다.

- 週末**にもかかわらず**、参加していただきありがとうございます。
  주말임에도 불구하고 참석해 주셔서 감사합니다.

❸ なんて～の(ん)だろう　정말로(대단히) ~하다

형용사의 사전형과 명사+な에 접속하여 감격이나 놀란 기분을 나타낼 때 사용한다.

- 最近のノートパソコンは、**なんて**便利な**のだろう**ね。
  요즘 노트북은 정말로 편리하지.

- 林さんのむすめさんは、**なんて**かわいい子**んだろう**。
  하야시 씨의 딸은 정말로 귀여운 아이야.

④ 〜ことで　~해서, ~로 인해

동사·형용사의 보통형, 명사+の에 접속하여 원인의 의미로 사용한다.

· 子供が生まれたことで、大きい車を買いました。
  아이가 태어나서 큰 차를 샀습니다.

· 彼女と結婚のことで、けんかをしました。
  그녀와 결혼으로 인해 싸웠습니다.

⑤ 〜きれない　다 ~할 수 없다

동사의 ます형에 접속하여 '끝까지 할 수 없다'는 의미로 사용한다. 긍정형인「〜きれる(다 ~할 수 있다)」는, 동작의 완료·완수를 나타내는「〜きる(다 ~하다)」의 가능형이다.

· この間、夫が飲みきれないぐらい、たくさんのジュースを買ってきた。
  얼마 전 남편이 다 마실 수 없을 정도로 많은 주스를 사 왔다.

· 今日の試合は、最後まで自分たちの実力を出しきれました。
  오늘 시합은 끝까지 자신들의 실력을 다했습니다.

⑥ 〜がち(だ)　~하기 십상(이다), ~하는 경향(이 있다)

동사 ます형과 명사에 접속하여 '그런 경향이나 상태가 많다'는 것을 나타내며, 주로 좋지 않은 의미로 사용된다.

· スケジュールを忘れがちなので、カレンダーに書きました。
  스케줄을 잊어버리는 경향이 있어서 달력에 적었습니다.

· 加藤さんは病気がちで、みんな心配しています。
  가토 씨는 병에 걸리기 십상이라(자주 아파서) 모두 걱정하고 있습니다.

확인 문제

1 다음 괄호 안에 들어갈 말을 아래 보기에서 고르시오.

1 昔は、明かりに油を（　　　　）していました。

2 この小説には、（　　　　）な日本の街が出てくる。

3 人の意見を（　　　　）してないで、ちゃんと聞きましょう。

4 マラソンの新記録に（　　　　）まで、毎日練習しています。

> **보기**　様々　　無視　　届く　　活用

2 다음 괄호 안에 들어갈 알맞은 말을 고르시오.

1 ともこさんは、よく約束の時間を忘れ（　　　　）です。

    A がち　　　　**B** ながら　　　　**C** かけ　　　　**D** ちゅう

2 彼女は、歌（　　　　）でなく、ピアノも上手ですよ。

    A について　　**B** まま　　　　**C** ばかり　　　　**D** という

3 夜遅い時間（　　　　）かかわらず、大きい声で話す人がいる。

    A かも　　　　**B** でも　　　　**C** とも　　　　**D** にも

4 覚えた表現を使う（　　　　）言葉がうまくなります。

    A ことか　　　**B** ことで　　　**C** ことの　　　**D** ことは

③   ＿＿★＿＿ 안에 들어갈 말로 알맞은 것을 고르시오.

1 図々しくお願いして、＿＿＿＿＿ ＿＿★＿＿ ＿＿＿＿＿ ＿＿＿＿＿。

 A 人   **B** 厚かましい   **C** だろう   **D** なんて

2 田中さんの部屋には、＿＿＿＿＿ ＿＿★＿＿ ＿＿＿＿＿ ＿＿＿＿＿ あります。

 A ほどの   **B** きれない   **C** マンガが   **D** 入り

3 もう ＿＿＿＿＿ ＿＿＿＿＿ ＿＿★＿＿ ＿＿＿＿＿、まだ探しているんですか。

 A にも   **B** かかわらず   **C** 見つかって   **D** いる

4 ＿＿＿＿＿ ＿＿＿＿＿ ＿＿★＿＿ ＿＿＿＿＿、持ってきたかさが荷物になった。

 A 今日の   **B** ことで   **C** 外れた   **D** 天気予報が

④   다음 ░░░░░░ 의 말을 이용하여 올바른 문장을 만드시오.

1 そんなに持ってきても食べないですよ。 ～きれない

 ➜ ＿＿＿＿＿＿＿＿＿＿＿＿＿＿＿＿＿＿＿＿＿＿＿＿＿＿＿＿＿＿＿＿。

2 都会では、困っている人を見ないふりをします。 ～がちです

 ➜ ＿＿＿＿＿＿＿＿＿＿＿＿＿＿＿＿＿＿＿＿＿＿＿＿＿＿＿＿＿＿＿＿。

3 パクさんは、肝がすわっている人です。 なんて～だろう

 ➜ ＿＿＿＿＿＿＿＿＿＿＿＿＿＿＿＿＿＿＿＿＿＿＿＿＿＿＿＿＿＿＿＿。

4 昨日から頭が痛いです。熱もあります。 ～ばかりでなく

 ➜ ＿＿＿＿＿＿＿＿＿＿＿＿＿＿＿＿＿＿＿＿＿＿＿＿＿＿＿＿＿＿＿＿。

일본에서 제일 처음 바나나를 먹은 사람

　슈퍼에 가면 계절에 관계없이 싸고 간편하게 살 수 있는 과일 중 하나가 바나나(バナナ)입니다. 2008년 일본에서는 바나나 다이어트가 유행하여 하루 만에 바나나가 품절된 적도 있었습니다. 그만큼 일본인에게 친숙한 과일인데, 일본에서 바나나를 제일 처음 먹은 사람은 오다 노부나가로 알려져 있습니다. 당시 일본에 기독교 포교를 위해 와 있던 선교사가 오다 노부나가에게 바나나를 진상했는데, 오다 노부나가는 콘페이토(コンペイトウ, 별 사탕)같은 단 것을 좋아했기 때문에 아마 바나나도 맛있게 먹었던 것 같습니다.

　일본에 바나나가 정식으로 수입된 것은 20세기 초 메이지(明治)시대였습니다. 어느 날 후쿠오카에 있는 모지항(門司港)에 바나나가 대량으로 수입되었는데, 항구에 도착한 바나나는 빨리 팔아 치워야 하는 상태였습니다. 그래서 항구 상인들은 포장마차의 판자를 요란하게 두드리며 '바나쨩부시(バナちゃん節)'라는 노래를 불러 이목을 끌었고, 덕분에 바나나는 인기를 얻어 유명해졌다고 합니다. 지금도 모지코에 가면 이 장면을 볼 수 있는데, 일본에서는 이와 같이 옛 문화가 지금도 여전히 전통문화로 계승되고 있는 경우가 아주 많습니다.

모지항에 있는 바나나맨 동상

제8화

\# 가슴을 빌리다

胸を借りる

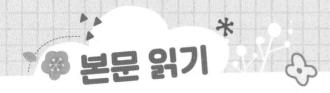

胸を借りる

スポーツの世界では、自分のチームよりも強い相手と試合をすることがあります。その理由は、自分たちの実力がどれだけあるのかを確認するためです。たとえ勝てなくても、いい試合になれば、自信につながります。そんな強くて実力のある人に、練習の相手になってもらうことを「胸を借りる」と言います。

この表現は、もともとすもう用語でした。すもうの力士は、部屋と呼ばれるところで生活をしながら練習に取り組みます。力士は、同じレベルの人同士で練習していては強くなれません。それで、横綱や大関のような簡単に勝てそうにもない相手とも練習をします。これを「ぶつかりけいこ」と言います。この練習では、受ける側を強い力士が務め、若い力士がその胸を目指して突き進みます。最初は簡単に負けてばかりですが、次第に良い勝負をするようになります。こんな練習を繰り返すからこそ実力が上がり、次の横綱や大関へと成長していくのです。このように、実力のある力士の胸を借りて練習する様子から「胸を借りる」が生まれました。

今では、すもうなどのスポーツはもちろん、ビジネスの世界でも「胸を借りる」をよく使います。特に、大きなプロジェクトの場合は、中小企業が大企業を相手にするのはとても大変なことです。お金や経験など、全てにおいて相手の格が上だからです。しかし、中小企業のビジネスマンたちは「プロジェクトに参加するからには、胸を借りるつもりでがんばろう」という気持ちを込めて挑戦します。

強い相手に挑戦するのは、とても勇気が必要です。しかし、もっと強くなるためには、相手の「胸を借りる」ことも大切なのです。

1 「胸を借りる」의 의미로 알맞은 것을 고르시오.

① 相手に勝てなくても、いい試合になるといいという意味

② 横綱や大関が、若い力士と一緒に練習するという意味

③ 自分よりも実力のある人に相手になってもらうという意味

④ 大企業が中小企業とプロジェクトをするのは大変という意味

2 본문의 내용과 맞는 것을 고르시오.

① 力士は、自分の家から部屋に通う生活をしている。

② 「ぶつかりけいこ」とは、若い力士同士の練習のことである。

③ スポーツの世界では、強い相手と試合をすることはない。

④ 実力を上げるためには、うまい人に挑戦することも必要である。

WORD

胸 가슴	借りる 빌리다	相手 상대, 적수
実力 실력	どれだけ 얼마만큼, 얼마나	確認 확인
自信 자신, 자신감	つながる 이어지다, 연결되다	用語 용어
取り組む 맞붙다, 대전하다, 싸우다	～同士 ～끼리	ぶつかる 부딪치다, 충돌하다
けいこ (학문·기술 등을) 배움, 익힘	務める (임무를) 맡다, (역할을) 다하다	目指す 목표로 하다, 지향하다
突き進む 힘차게 나아가다, 돌진하다	～てばかりだ ～하기만 하다	次第に 차츰, 점차
勝負 승패, 승부	繰り返す 반복하다	成長 성장
プロジェクト 프로젝트	中小企業 중소기업	大企業 대기업
格 격, 격식	つもり (속)셈, 작정, 의도	込める (속에) 넣다, 담다, 포함하다
挑戦 도전		

① **たとえ〜ても** 비록 ~일지라도

동사·형용사의 て형, 명사+でも(であっても)에 접속하여 어떤 상황이 발생하더라도 영향을 주지 않는다는 의미를 나타낸다.

- **たとえ相手が強くても、必ず勝つことができる。**
  비록 상대가 강할지라도 반드시 이길 수 있다.

- **たとえ雪が降っても、コンサートは行われます。**
  비록 눈이 올지라도 콘서트는 진행됩니다.

② **〜ていては** ~하고 있어서는, ~해서는, ~하다간

동사의 て형에 접속하여 '어떤 일을 계속 하면'이라는 의미로 사용한다.

- **毎年こんなに物の値段が上がっていては生活が大変になる。**
  해마다 이렇게 물건값이 올라서는 생활이 힘들어진다.

- **仕事もしないでなまけていては上司に怒られますよ。**
  일도 안하고 게으름 피우다간 상사한테 혼나요.

③ **〜そうに(も)ない** ~할 것 같지 않다, ~못 할 것 같다

동사의 ます형에 접속하여 어떤 사건이 일어날 가능성이 적다는 의미를 나타낸다.

- **まだ家に帰れそうにないから、先にご飯を食べてね。**
  아직 집에 못 갈 것 같으니까 먼저 밥을 먹어.

- **妻に新しい時計を買ってあげたが、使いそうにない。**
  아내에게 새 시계를 사 주었는데, 쓸 것 같지 않다.

4 **〜からこそ**　~기 때문에

동사·형용사·명사의 보통형에 접속하여 이유를 강조하는 의미로 사용한다.

· 強いチームと練習する**からこそ**、チームの実力が上がっていく。
강팀과 연습하기 때문에 팀 실력이 올라간다.

· 車が好きだ**からこそ**、それに関係する仕事がしたいです。
차를 좋아하기 때문에 그것과 관계된 일을 하고 싶습니다.

5 **〜において**　~에서

명사에 접속하여 동작이나 사건 등의 상황이 발생하는 장소나 때를 나타낸다.

· 工場**において**、新しい製品の発表があります。
공장에서 신제품 발표가 있습니다.

· 今の時代**において**、インターネットはとても必要なものです。
요즘 시대에 인터넷은 매우 필요한 것입니다.

6 **〜からには**　~한 이상에는, ~니까 당연히

동사·형용사의 보통형에 접속하여 강한 의지나 판단의 의미를 나타낸다.

· やると決めた**からには**、最後までがんばってみます。
하기로 결정한 이상에는 끝까지 노력해 보겠습니다.

· 値段が高い**からには**、この店の料理はおいしいに違いない。
가격이 비싸니까(당연히) 이 가게의 요리는 틀림없이 맛있을 것이다.

확인 문제

① 다음 괄호 안에 들어갈 말을 아래 보기에서 고르시오.

1 新しいことに（　　　　　）するのは大事なことです。

2 私は、水泳には（　　　　　）があります。

3 試験に合格することを（　　　　　）勉強しています。

4 朝になって（　　　　　）外が明るくなってきた。

> **보기**　目指して　　自信　　次第に　　挑戦

② 다음 괄호 안에 들어갈 알맞은 말을 고르시오.

1 早く起きた（　　　　　）、一日を長く使うことができる。

　A からといって　　B からでも　　C からこそ　　D からさえ

2 不満ばかり（　　　　　）周りから人がいなくなります。

　A 言ったとは　　B 言っていては　　C 言うとしては　　D 言わないとして

3 営業する時（　　　　　）、会話は必要なテクニックです。

　A において　　B をおいて　　C において　　D でおいて

4 簡単にお金をかせぐ話があるが、誰も（　　　　　）そうにない。

　A 聞く　　B 聞いて　　C 聞こう　　D 聞き

3 ___★___ 안에 들어갈 말로 알맞은 것을 고르시오.

1 _____ ___★___ _____ _____、メールは送<ruby>送<rt>おく</rt></ruby>っておくほうがいいですよ。

　A なっても　　　B 返事<rt>へんじ</rt>が　　　C 遅<rt>おそ</rt>く　　　D たとえ

2 後輩<rt>こうはい</rt>の _____ _____ ___★___ _____、しっかり世話<rt>せわ</rt>をしてあげよう。

　A には　　　　B みる　　　C 面倒<rt>めんどう</rt>を　　　D から

3 江戸時代<rt>えどじだい</rt> _____ ___★___ _____ _____ 大<rt>おお</rt>きかったそうです。

　A 商人<rt>しょうにん</rt>の　　B において　　C 役割<rt>やくわり</rt>は　　D とても

4 休<rt>やす</rt>みだからと _____ _____ ___★___ _____。

　A ゴロゴロして　B もったいない　C 一日中<rt>いちにちじゅう</rt>　　D いては

4 다음 [ ]의 말을 이용하여 올바른 문장을 만드시오.

1 お金<rt>きん</rt>の使<rt>つか</rt>いすぎを注意<rt>ちゅうい</rt>したが、やめない。 〜そうにもない

　➜ _____。

2 ミスをすることがあります。気<rt>き</rt>をつけないといけないです。 〜からこそ

　➜ _____。

3 友<rt>とも</rt>だちに反対<rt>はんたい</rt>されています。その話<rt>はなし</rt>に乗<rt>の</rt>ってみたいです。 たとえ〜ても

　➜ _____。

4 あなたがそんなに言<rt>い</rt>う。必<rt>かなら</rt>ず当<rt>あ</rt>たるんでしょうね。 〜からには

　➜ _____。

알고 보면 재미있는 일본의 국기(国技), すもう

일본의 국기인 스모(すもう)는 역사가 길며 일본인에게는 특별한 스포츠입니다. 단순히 힘겨루기를 하는 것처럼 보이지만, 외국의 국빈이 일본을 방문하면 스모 경기를 안내할 정도로 일본을 대표하는 전통문화입니다.

스모는 헤이안시대 이후 힘센 남성들이 신 앞에서 천하태평, 자손번영, 오곡풍양, 대어(大漁)를 기원하며 힘을 신에게 바치는 행사로 자리잡았습니다. 따라서 격식과 규율이 매우 엄격합니다. 스모 선수는 시합 전에 신성한 장소인 씨름판을 정화하기 위해 소금을 뿌리거나, 몸을 정갈하게 하기 위해 '치카라미즈(力水)'를 마십니다. 보통 물을 입에 조금만 넣고 옆에 있는 대야에 뱉어내는데, 원래 이 '치카라미즈'에는 술잔이 쓰였지만 현재는 국자로 바뀌었습니다. 이 국자를 건네는 것은 대전에서 이긴 선수만이 할 수 있습니다.

그리고 현역 스모선수들에게는 엄격하게 금지되는 행위들이 몇 가지 있는데, '마와시(廻し, 샅바)' 외에 상대방에게 위해를 가하는 것은 일체 몸에 걸쳐서는 안 된다거나, 청결에 위배되는 긴 손톱과 지나치게 기른 수염, 문신 등을 하면 안 됩니다. 또 1985년에 현역 스모 선수가 운전한 차가 정차 중인 차를 추돌하는 사고가 잇따랐는데, 이 일이 일어난 이후 운전도 금지되고 있습니다. 이 밖에도 스모에는 다양한 룰과 관련 표현이 많아 알고 보면 더 재미있게 일본을 이해할 수 있습니다.

시합 전에 소금을 뿌리고 있는 스모 선수

제9화

\# 차를 흐리게 하다

お茶をにごす

お茶をにごす

　日本には、茶道という文化があります。茶道とは、茶室という部屋で、心を落ち着かせて抹茶をいれて、それをお客さんに出すことです。この茶道には、抹茶のいれ方から飲み方まで、作法という決まったルールがあり、それに必ずしたがうことになっています。そんな茶道で生まれた表現が「お茶をにごす」です。この表現は、茶道の作法をよく知らない人が、抹茶をかき混ぜてにごらせて、あたかも知っているかのように行動する様子から生まれました。それから「いい加減に言ったり、行動したりしてその場をごまかす」という意味になりました。

　この「お茶をにごす」は、どんな場面で使われるのでしょうか。ある日、友だちから「給料いくらもらっているの？」と聞かれました。それについて、あなたははっきり答えたくないので、「普通のサラリーマンと同じかな」とあいまいに返事をしたり、はっきりと答えないでその場を離れたりすることがあると思います。このようなときに「お茶をにごした」と言います。この他にも、「飲み会があったけど、面倒なのでお茶をにごして帰ってきた」のようにも使います。

　ところで日本人は、この「お茶をにごす」を「言葉をにごす」とよく間違えて使います。「言葉をにごす」は、「彼はあの事件について言いかけたが、言葉をにごした」のように、はっきりと言わないだけで、行動してごまかすという意味はありません。

　日本人は、色々なことをあいまいにしてにごすことがありますが、外国人からするといい加減だとみえてしまうかもしれません。しかし、これは、日本人なりの周囲の人と良い関係を維持するために必要な独特の文化なのです。

내용 체크

1 「お茶をにごす」の 의미로 알맞은 것을 고르시오.

① 茶室で落ち着いて抹茶をいれるという意味

② 茶道を知らない人がお茶を混ぜてにごらせるという意味

③ 相手の質問にはっきりと答えるという意味

④ 聞かれたことにあいまいに返事をしてごまかすという意味

2 본문의 내용과 맞는 것을 고르시오.

① 日本人がはっきりと返事をしないのは、外国人にいい加減にみえてしまう。

② 茶道には、抹茶のいれ方の作法はあるが、飲み方は決まっていない。

③ 「言葉をにごす」には、行動してごまかすという意味がある。

④ 「お茶をにごす」のは、周りと良い関係を維持するために必要がない。

WORD

にごす 흐리다, 말을 얼버무리다

落ち着く 진정되다, 자리잡다

いれ方 끓이는 방법

かき混ぜる 휘저어 섞다, 휘젓다, 뒤섞다

いい加減に 적당히, 되는대로

給料 급여, 봉급

飲み会 회식

周囲 주위

茶道 다도

抹茶 말차(녹차를 갈아서 분말로 만든 차)

作法 만드는 법, 예법

にごる 탁해지다, 흐려지다

ごまかす 속이다, 어물어물 넘기다

あいまい(に) 애매하게

間違える 잘못하다, 틀리다

維持 유지

茶室 다실

茶をいれる 차를 끓이다

したがう 따르다

あたかも 마치, 흡사

場面 장면, 상황

離れる 떠나다

言いかける 말을 하다 말다

문법 알기 *

1 ～かのように 마치 ~인 것처럼

동사·형용사·명사의 보통형에 접속하여 실제로는 그렇지 않지만 그런 것 같다는 의미로 사용한다.

・鈴木さんは、全部聞こえているかのようにこっちを見ている。
　스즈키 씨는 전부 들리는 것처럼 이쪽을 보고 있다.

・おばは、弟を自分の子供であるかのように、かわいがっていました。
　아주머니는 동생을 마치 자기 자식처럼 귀여워했습니다.

2 ～かな ~일까

동사와 형용사의 보통형에 접속하여 가벼운 의문을 나타낸다.

・ジョンさんは、茶道の作法を知っているかな。
　존 씨는 다도의 예법을 알고 있을까?

・この調味料を少し入れてみてもいいかな。
　이 조미료를 좀 넣어봐도 될까?

3 ～かける ~하다 말다

동사의 ます형에 접속하여 동작을 도중까지 한 상태라는 의미를 나타낸다.

・チェンさんは、何か言いかけてやめてしまいました。
　첸 씨는 뭔가 말을 하다 말아 버렸습니다.

・友達から電話がきたので、母はご飯を作りかけて出かけました。
　친구에게서 전화가 와서 어머니는 밥을 하다 말고 나가셨습니다.

④ ～からすると　~으로 보아, ~의 입장에서는

명사에 접속하여 '~의 입장에서 생각해 보면'이라는 의미를 나타낸다.

- 留学した経験からすると、その国の言葉を勉強してから行くほうがいいですね。
  유학한 경험으로 보아, 그 나라 말을 공부하고나서 가는 게 좋겠어요.

- サラリーマンからすると、毎月きちんと給料をくれるところで働きたい。
  샐러리맨 입장에서는, 매달 꼬박꼬박 급여를 주는 곳에서 일하고 싶다.

⑤ ～とみえる　~인 듯하다

동사·형용사·명사의 보통형에 접속하여 어떤 근거에 준해서 추측이나 판단을 할 때 사용한다.

- 小川さんは、いつも天ぷらを最後に食べるが、好きだとみえる。
  오가와 씨는 항상 튀김을 마지막에 먹는데, 좋아하는 듯하다.

- 最近、姉は仕事が忙しいとみえて、帰ってきてもすぐに寝ます。
  요즘 언니는 일이 바쁜 듯 해서 돌아와서도 바로 잡니다.

⑥ ～なりの　~나름대로의

동사·い형용사의 보통형, な형용사의 어간, 명사에 접속하여 인물과 상황, 성질에 알맞는 정도와 상태의 의미로 사용한다. 주로 긍정적인 평가를 나타낸다.

- この事故に対しての私なりの意見を言ってもいいでしょうか。
  이 사고에 대한 제 나름의 의견을 말해도 될까요?

- 予算が足りないなら、ないなりの計画を立てるほうがいい。
  예산이 부족하다면 없는 대로의 계획을 세우는 편이 좋다.

확인 문제

1 다음 괄호 안에 들어갈 말을 아래 보기에서 고르시오.

1 ファンさんは、（　　　　　）この間まで病気だったような顔をしている。

2 車のスピードを（　　　　）して、このまま走っていきましょう。

3 さっきまで泣いていた赤ちゃんが、お母さんの顔を見て（　　　　　）。

4 社長の意見に、会社の全員が（　　　　）ことになった。

> **보기**　　落ち着いた　　維持　　したがう　　あたかも

2 다음 괄호 안에 들어갈 알맞은 말을 고르시오.

1 兄の話し方（　　　　）、何か良くないことがあったらしい。

　　A　からあると　　　B　からすると　　　C　にすると　　　D　からくると

2 学生時代には、それ（　　　　）遊び方があります。

　　A　なりで　　　　B　なりと　　　　C　なりの　　　　D　なりまで

3 つくえの上に、（　　　　）メモが置いてあります。

　　A　書きます　　　B　書けない　　　C　書ける　　　D　書きかけた

4 ソンさんは、しっかり準備してきたから自信がある（　　　　）。

　　A　とみえる　　　B　と分かる　　　C　と知っている　　D　と覚える

3 ___★___ 안에 들어갈 말로 알맞은 것을 고르시오.

1 彼女は、_____ _____ ★_____ _____、この場からいなくなった。

    A ように   B 何も   C かの   D なかった

2 お父さんに彼のことを _____ _____ ★_____ _____。

    A かな   B しても   C 紹介   D 大丈夫

3 この商品は、_____ ★_____ _____ _____。

    A 理由が   B なりの   C あった   D 高い

4 _____ ★_____ _____ _____、沖縄はとても暑かったそうです。

    A ニュースの   B から   C 内容   D すると

4 다음 [   ]의 말을 이용하여 올바른 문장을 만드시오.

1 来週、新しいスマートフォンが届きます。 ～かな

    ➡ _____。

2 ジョンさんはやさしいです。そうではありません。 ～とみえる

    ➡ _____。

3 あの人は、自分で見ました。人に話しています。 ～かのように

    ➡ _____。

4 デパートで、カバンがコップに当たって落としました。 ～かける

    ➡ _____。

소박한 懐石料理 VS 화려한 会席料理
かいせきりょう り　　　　　　　　かいせきりょう り

고급 일식 연회요리로 잘 알려져 있는 가이세키 요리(会席料理)는 원래는 매우 소박한 요리였습니다. 가이세키 요리는 무로마치(室町)시대에 시작된 격식 있는 혼젠요리(本膳料理)와 음만같은 가이세키 요리(懐石料理)를 바탕으로 만들어졌습니다.

이중 다과회 요리를 뜻하는 가이세키 요리(懐石料理)의 효시는 일본 다도의 기초를 만든 센리큐(千利休)입니다. 그는 귀족들을 초청하여 자주 다과회를 열었는데, 차를 마시기 전 밥과 국, 그리고 세 가지 반찬의 간소한 식사를 제공했습니다. 차를 마시기 전에 가볍게 식사를 하여 몸을 따뜻하게 한 다음 차를 마시는 것이 맛있다고 생각했기 때문입니다. 가이세키 요리(懐石料理)의 懐石는 원래 스님이 배고픔을 참기 위해 옷 사이에 넣었던 따뜻한 돌을 말합니다. 여기에서 파생되어 차를 마시기 전에 먹는 간소한 요리를 懐石料理라고 부르게 되었습니다.

懐石料理가 차를 위한 요리라면, 会席料理는 술을 맛있게 마시기 위한 요리입니다. 현재는 会席料理로 통용되고 있지만, 간혹 혼용되기도 합니다. 우리가 횟집에서 자주 보는 쓰키다시(突き出し)도 会席料理에서 나온 말로, 본요리 전에 나오는 '곁들임 안주'를 가리킵니다.

일본의 会席料理에는 손님을 대접하는 마음인 오모테나시(おもてなし)와 계절의 맛을 즐기는다양한 식문화가 담겨 있습니다.

확연히 대비되는 懐石料理와 会席料理

제10화

벌레가 좋다

<ruby>虫<rt>むし</rt></ruby>がいい

虫がいい

　昔から日本人は、セミやスズムシのような季節の虫を飼ったり、虫の音色を楽しんできました。しかし、そんな虫だけだとは限りません。

　世の中には、ちゃんと働かないくせに、新しい車が欲しいなあと言う人がいます。そんな話を聞くと、よくそんなことが言えたものだと言いたくなりますよね。こういう人に対して日本語では、「あの人は虫がいい」と言います。もともと「虫がいい」には、自分の体の中にいる虫の機嫌がいい、または機嫌がいいようにするという意味があります。そこから、自分にとって都合のいいことばかり考えて、自分勝手に行動することや、図々しいことを指す意味になりました。なぜ虫が、このような意味として使われるようになったのでしょうか。その由来について見てみましょう。

　中国の「道教」によれば、人間には生まれた時から体内に三匹の虫がいると考えられてきました。その三匹の虫が、頭とお腹、足にいて、目を悪くしたり、お腹をこわしたり、足の病気を起こす原因だと信じていました。つまり、今と比べて医学が発達していなかった時代には、お腹の虫のせいで病気になると考えていたのです。これが道教を通じて日本に伝わり、江戸時代から虫は人間の心や行動に影響を与えると考え、「虫がいい」といった表現が生まれたのです。

　ところで、日本語には「虫がいい」以外にも、体の中にいる虫に関する表現が色々あります。そして、その多くが「虫の居所が悪い」や「虫が好かない」のように否定的に使われています。体の中にいる虫と聞くと、いいイメージを持つことはできないからでしょう。皆さんも「虫がいい」と言われないようにするには、発言や行動に注意したほうがいいですよ。

내용 체크

1 「虫がいい」の 의미로 알맞은 것을 고르시오.

① 日本人が、セミやスズムシのような虫の音色が好きという意味

② 仕事をしっかりして、自分が欲しい物を買うという意味

③ 自分にとって都合のいいことばかり考えて行動するという意味

④ 体の中の虫の機嫌が良くなくて困っているという意味

2 「三匹の虫」의 설명으로 올바른 것을 고르시오.

① 昔は、三匹の虫は、病気を起こす原因だと考えられていた。

② 今でもお腹が痛いのは、三匹の虫のせいだと考えている。

③ 三匹の虫は、人の心や行動に影響を与えるとは考えていない。

④ 三匹の虫は、道教を通じて日本から中国へ伝わった。

季節 계절	**飼う** 기르다, 키우다	**音色** 음색
楽しむ 즐기다	**こういう** 이런	**機嫌がいい** 기분(비위)이 좋다
都合のいい 사정이 좋은, 편리한	**～ばかり** ～만	**自分勝手** 제멋대로 함
指す 가리키다, 지적하다	**体内** 체내	**～匹** ～마리(짐승·물고기·벌레 따위를 세는 단위)
こわす 파괴하다, (분위기 등을) 망치다	**起こす** 일으키다, 발생시키다	**原因** 원인
～と比べて ～와 비교해서	**医学** 의학	**発達** 발달
与える 주다	**居所** 거처, 있는 곳	**好く** 좋아하다
発言 발언		

문법 알기 ✳

① 〜とは限らない (꼭) 〜라고는 할 수 없다

동사·형용사·명사의 보통형에 접속하여 '반드시 그렇다고 할 수는 없다, 예외도 있다'는 의미로 사용

되며 부분 부정을 나타낸다.

- 日本人のほとんどが、茶道の作法を理解しているとは限りません。
  일본인의 대부분이 다도의 예법을 이해하고 있다고는 할 수 없습니다.

- 鈴木さんは、いつも怖い顔をしていますが、機嫌が悪いとは限りません。
  스즈키 씨는 항상 무서운 얼굴을 하고 있습니다만, 기분이 나쁘다고는 할 수 없습니다.

② 〜くせに 〜한 주제에, 〜면서도

동사·형용사·명사의 보통형에 접속하여 비난·경멸·분노의 감정을 나타낼 때 사용한다.

- 自分で世話をしないくせに、犬が欲しいというのは反対です。
  스스로 돌보지 않는 주제에 강아지를 갖고 싶다는 것은 반대입니다.

- ジャンさんは、お腹がすごく痛いくせに、元気なふりをしている。
  장OO 씨는 배가 너무 아프면서도 건강한 척을 하고 있다.

③ 〜たものだ 〜하곤 했다, 〜했었다

동사의 た형에 접속하여 과거에 일어났던 일을 회상하며 말할 때 사용한다.

- 小学生の頃は、よく家族で海へ泳ぎに行ったものだ。
  초등학생 때는 자주 가족끼리 바다에 수영하러 가곤 했다.

- 以前は、よくひとりでカラオケで歌を歌ったものです。
  예전에는 자주 혼자 노래방에서 노래를 부르곤 했습니다.

4 〜を通（つう）じて　~를 통해(서)

명사에 접속하여 수단이나 매개, 기간 등의 의미를 나타낸다.

- 漢字（かんじ）は、中国（ちゅうごく）や韓国（かんこく）を通じて日本（にほん）に入（はい）ってきました。
  한자는 중국과 한국을 통해서 일본에 들어왔습니다.

- ジョンさんが結婚（けっこん）する話（はなし）は、田中（たなか）さんを通じて聞（き）きました。
  존 씨가 결혼하는 이야기는 다나카 씨를 통해 들었습니다.

5 〜といった　~라는, ~같은

명사에 접속하여 예를 들어 말할 때 사용한다. 「〜や〜といった」와 같이 사용하는 경우가 많다.

- 最近（さいきん）の若（わか）い人（ひと）は、車（くるま）やバイクといった乗（の）り物（もの）に関心（かんしん）がないそうです。
  요즘의 젊은 사람들은 자동차나 오토바이 같은 탈것에 관심이 없다고 합니다.

- 彼（かれ）の両親（りょうしん）は、いつも果物（くだもの）や野菜（やさい）といったものをよく送（おく）ってくれます。
  그의 부모님은 항상 과일과 야채 같은 것을 자주 보내 주십니다.

6 〜には　~하기 위해서는, ~하려면

동사의 사전형에 접속하여 목적의 의미를 나타낼 때 사용한다.

- 虫（むし）の音色（ねいろ）を楽（たの）しむには、秋（あき）が一番（いちばん）いい季節（きせつ）ですね。
  벌레의 음색을 즐기기 위해서는 가을이 가장 좋은 계절이네요.

- 会話（かいわ）がうまくなるには、色々（いろいろ）な人（ひと）と会（あ）って話（はな）すのがいいです。
  대화가 능숙해지려면 여러 사람과 만나서 이야기하는 것이 좋습니다.

확인 문제

1 다음 괄호 안에 들어갈 말을 아래 보기에서 고르시오.

1 会議での （ 　　　　 ）は、1人5分までです。

2 弟 はいつも （ 　　　　 ）なことを言って困る。

3 今度、スズムシを （ 　　　　 ）ことになりました。

4 言葉は、人間の生活の中で（ 　　　　 ）してきました。

> **보기** 自分勝手　　発達　　発言　　飼う

2 다음 괄호 안에 들어갈 알맞은 말을 고르시오.

1 このお酒は、酒屋 （ 　　　　 ）買いました。

　A を関して　　　　B にわたって　　　　C を通じて　　　　D に通して

2 夫は、料理がとてもうまい （ 　　　　 ）、家では一度も作ったことがない。

　A くせに　　　　B なんか　　　　C なんて　　　　D くらい

3 この山から、金や銀 （ 　　　　 ）鉱物がたくさん見つかりました。

　A といっても　　B といえば　　　C というより　　　D といった

4 子供の頃、弟とこのゲームでよく （ 　　　　 ）ものだ。

　A 遊ぶ　　　　B 遊んだ　　　　C 遊んで　　　　D 遊ばない

3 ___★___ 안에 들어갈 말로 알맞은 것을 고르시오.

1　失敗の原因が、_____ _____ ___★___ _____。

　　A　限りません　　　B　森さんに　　　　C　とは　　　　　　D　ある

2　父は、_____ _____ ___★___ _____嫌いです。

　　A　むだ話と　　　　B　ものが　　　　　C　世間話や　　　　D　いった

3　あの２人は _____ ___★___ _____ _____。

　　A　通じて　　　　　B　結婚した　　　　C　ユンさんを　　　D　知り合い

4　_____ _____ ___★___ _____、日本語ができるほうがいいです。

　　A　日本で　　　　　B　探す　　　　　　C　仕事を　　　　　D　には

4 다음 [　　　　]의 말을 이용하여 올바른 문장을 만드시오.

1　夏休みには、よく自由研究に取り組んだ。 `～たものだ`

　➜ _____。

2　あなたの言っていることが、すべて間違いではない。 `～とは限らない`

　➜ _____。

3　ここに新しいビルを建てます。４年かかるそうです。 `～には`

　➜ _____。

4　いつも知らないふりをします。今日はなんで注意をするんですか。 `～くせに`

　➜ _____。

벌레 우는 소리도 즐기는 일본 문화

일본인의 자연에 대한 사랑과 경의는 대단한데, 이러한 마음은 문학·음식·차·꽃꽂이·그림·전통 공예·종교 등 일상 생활 속에 깊숙이 파고들어 다양한 문화를 만들어 왔습니다. 또한 사람에 대해서도 사랑과 경의를 나타내는 의미로 '오모테나시(おもてなし, 대접)'를 중요하게 여겨 왔습니다. 이는 일본이 섬나라이기 때문에 수확에 대한 고마움과 자연의 소중함에서 비롯된 것일 수도 있습니다. 나아가 자연을 자신 안으로 받아들여 감성을 키워왔고, 이 감성은 색채와 맛에 대한 감각, 또는 섬세한 언어 표현으로 문학·회화·공예·음식 등으로 이어졌습니다.

어느 가을 밤 밖에서 '링, 링'하고 방울벌레 울음소리가 들려오면 일본인들은 "아, 가을이구나"라고 느낍니다. 이 벌레 울음소리를 즐기는 문화는 8세기 '만요슈(万葉集, 일본 최고의 시가집)'에서도 볼 수 있습니다. 또한 에도시대의 유명한 하이진(俳人, 하이쿠 작가)인 마쓰오 바쇼(松尾芭蕉)의 '바위에 스며드는 매미소리가 적막함을 더하는구나(閑さや岩にしみ入る蟬の声)'라는 하이쿠(俳句, 일본의 5·7·5의 3구 17음의 단시)에도 벌레 울음소리가 등장합니다. 심지어 그 시대에는 방울벌레 같이 울음소리를 내는 벌레를 파는 '벌레장수'도 있었습니다. 이처럼 일본인은 작은 벌레들의 울음소리까지도 귀를 기울여 문화로 승화시켰습니다.

우표로 만들어진 마쓰오 바쇼의 하이쿠　　　　야마데라(山寺)의 마쓰오 바쇼 동상 및 시비(詩碑)

제11화

丁半

#1이냐 8이냐

<ruby>一<rt>いち</rt></ruby>か<ruby>八<rt>ばち</rt></ruby>か

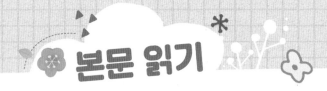

一か八か
いち　　ばち

　ルーレットゲームを知っていますか。ルーレットに玉を投げ入れて、その玉が落
ちる場所を当てるゲームです。当たるにしても外れるにしても、運を天に任せて勝
負をします。このときに、日本語では「うまくいくか分からないけれども、一か八
かやってみよう」という表現を使います。どうして「一」と「八」という数字を使
い、「八」を「ばち」と読むのでしょうか。

　この表現は、かけ事の世界で生まれた表現です。まず「八」を使うようになった
のは、サイコロを使ったかけ事の「丁か半か」が由来です。丁は偶数、半は奇数で
す。このかけ事では、二つのサイコロを使って、合わせた数字が丁か半かを当てて
いました。そして、かけ事を始める際に「丁か半か、さあどっち」と言っていまし
た。この丁と半の漢字の最初の部分を取ったものが「一」と「八」の由来です。昔
「半」は、最初の部分が「八」の形をしていました。つまり、漢字の一部を使って
表しているのです。

　次に「八」を「ばち」と読む理由として、「罰」が由来の説です。この「罰」の
読み方は「ばつ」ですが、「罰が当たる」の場合は「ばち」と読みます。「ばち」は、
神様や仏様が人に罰を与えるという意味です。この「ばち」は、昔の中国での読み
方が日本に伝わったという説があります。その後、この表現で罰に代わって似た音
である漢字の「八」が使われるようになったということです。

　日本人は、三と八が好きな人が多いそうです。三は、バランスの良い数字だと考
えているからです。また八は下に行くにつれて広がっているため、少しずつ良くな
るという意味があります。日本語には、三や八をはじめ、数字に関する色々な意味
や表現があるので、一度調べてみてくださいね。

내용 체크

1 「一か八か」의 의미로 알맞은 것을 고르시오.

① サイコロを投げて、どんな数字が出るか当てるという意味

② うまくいくかは分からないが、やってみようという意味

③ 当たることを運に任せないで、勝負をするという意味

④ いま外れても、これから少しずつ良くなっていくという意味

2 본문의 내용과 맞는 것을 고르시오.

① 「丁か半か」は、ルーレットに玉が落ちる場所を当てることである。

② 「一」は、「半」という漢字の一部分を取ったものである。

③ 「ばち」は、人が人に罰を与えるという意味で使われている。

④ 日本人は、三という数字がバランスが良いと考えている。

ルーレット 룰렛

当てる 맞히다, 명중시키다

丁 (주사위 눈의) 짝수(흔히 도박에서 사용함)

奇数 기수, 홀수

罰 벌

仏様 부처님, 불상

バランス 밸런스, 균형

玉 구슬, 옥

かけ事 내기, 도박

半 홀수, 반

取る 떼다, 빼다

罰が当たる 벌을 받다

読み方 읽는 법, 읽기

広がる 넓어지다, 퍼지다

投げ入れる 던져 넣다, 투입하다

サイコロ 주사위

偶数 우수, 짝수

一部 일부

神様 신

伝わる 전달되다, 전해지다

少しずつ 조금씩, 차근차근

문법 알기 ✳

① **〜にしても〜にしても ~든 ~든**

동사·い형용사·명사의 보통형, な형용사 어간, 명사에 접속하여 '어느 쪽이든 마찬가지'라는 의미를 나타낸다. 주로 구어체에서 사용한다.

- 気が合うにしてもそうではないにしても、3回は会ってみるほうがいいですよ。
  마음이 맞든 안 맞든 세 번은 만나보는 편이 좋아요.

- ひらがなにしてもカタカナにしても、字はきれいに書きましょう。
  히라가나든 가타가나든 글씨는 예쁘게 씁시다.

② **〜際(に) ~할 때**

동사의 사전형과 た형, 명사+の에 접속하여 동작이나 상황이 이루어지는 때를 나타내는 경우에 사용한다. 격식차린 말투로 회화체에서는 별로 사용하지 않는다.

- 図書カードを作る際に、写真が必要だそうです。
  도서 카드를 만들 때 사진이 필요하다고 합니다.

- ご注文の際に、こちらのボタンを押してください。
  주문하실 때 이쪽 버튼을 눌러 주세요.

③ **〜に代わって ~을 대신해(서)**

명사에 접속하여 사물이나 사람을 대체할 경우에 사용한다.

- 今日は、父に代わって自分が弟をむかえに行くつもりです。
  오늘은 아버지를 대신해서 제가 동생을 마중 나갈 생각입니다.

- 最近は、パソコンに代わってスマートフォンでゲームをする人が多い。
  요즘은 PC를 대신해서 스마트폰으로 게임을 하는 사람이 많다.

4 **〜ということだ**　~라는 것이다, ~라고 한다

동사·형용사·명사의 보통형에 접속하여 설명이나 다른 사람의 말을 전하는 의미를 나타낼 때 사용
한다.

- となりの人と話<ruby>話<rt>はな</rt></ruby>していると、仕事<ruby>仕事<rt>しごと</rt></ruby>をしていないと見られる**ということだ**。
  옆 사람과 이야기하고 있으면 일을 하지 않는 것으로 보인다고 한다.

- 中村<ruby>中村<rt>なかむら</rt></ruby>さんに忙<ruby>忙<rt>いそが</rt></ruby>しいのか聞<ruby>聞<rt>き</rt></ruby>いてみたら、今日<ruby>今日<rt>きょう</rt></ruby>は暇<ruby>暇<rt>ひま</rt></ruby>だ**ということ**でした。
  나카무라 씨에게 바쁜지 물어보니 오늘은 한가하다고 했습니다.

5 **〜につれて**　~에 따라

동사의 사전형에 접속하여 '~에 비례해서 (변하다)'라는 의미를 나타낸다.

- 年<ruby>年<rt>とし</rt></ruby>を取<ruby>取<rt>と</rt></ruby>る**につれて**、髪<ruby>髪<rt>かみ</rt></ruby>の毛<ruby>毛<rt>け</rt></ruby>が少<ruby>少<rt>すこ</rt></ruby>しずつ白<ruby>白<rt>しろ</rt></ruby>くなってきた。
  나이가 듦에 따라 머리카락이 조금씩 희어졌다.

- この会社<ruby>会社<rt>かいしゃ</rt></ruby>は、長<ruby>長<rt>なが</rt></ruby>い間<ruby>間<rt>あいだ</rt></ruby>働<ruby>働<rt>はたら</rt></ruby>く**につれて**、給料<ruby>給料<rt>きゅうりょう</rt></ruby>が上<ruby>上<rt>あ</rt></ruby>がっていきます。
  이 회사는 오랫동안 일함에 따라 급여가 올라갑니다.

6 **〜をはじめ**　~을 비롯해

명사에 접속하여 대표적인 것을 하나 들어 비슷한 다른 것에 대해 말할 때 사용한다.

- 日本<ruby>日本<rt>にほん</rt></ruby>にはお寺<ruby>寺<rt>てら</rt></ruby>や神社<ruby>神社<rt>じんじゃ</rt></ruby>**をはじめ**、それに関連<ruby>関連<rt>かんれん</rt></ruby>した場所<ruby>場所<rt>ばしょ</rt></ruby>がたくさんあります。
  일본에는 절이나 신사를 비롯하여, 그와 관련된 장소가 많이 있습니다.

- 昔<ruby>昔<rt>むかし</rt></ruby>、この近<ruby>近<rt>ちか</rt></ruby>くの山<ruby>山<rt>やま</rt></ruby>には、金<ruby>金<rt>きん</rt></ruby>**をはじめ**銀<ruby>銀<rt>ぎん</rt></ruby>の鉱山<ruby>鉱山<rt>こうざん</rt></ruby>もありました。
  옛날에 이 근처의 산에는 금을 비롯해 은 광산도 있었습니다.

확인 문제

1 다음 괄호 안에 들어갈 말을 아래 보기에서 고르시오.

1 彼は、（　　　　　　）が好きで、毎月お金をたくさん使っている。

2 この1年で、（　　　　　　）日本語が上手になりました。

3 あそこに石を（　　　　　　）と、いいことが起きるらしい。

4 元気で生活するために（　　　　　　）のいい食事をしましょう。

보기	投げ入れる	かけ事	バランス	少しずつ

2 다음 괄호 안에 들어갈 알맞은 말을 고르시오.

1 帰る（　　　　　　）、このCDを持って行ってね。

　　A 途中に　　　　B 際に　　　　C 最中に　　　　D ときで

2 台風が近くなる（　　　　　　）、風が強くなってきた。

　　A につれて　　B について　　C にかけて　　D にとって

3 秋になるとすいか（　　　　　　）、なしやりんごが八百屋に並びます。

　　A のせいで　　B に関して　　C に代わって　　D において

4 パーティーに（　　　　　　）にしても、そうではないにしても連絡してください。

　　A 行って　　　B 行きます　　C 行こう　　　D 行く

③ ___★___ 안에 들어갈 말로 알맞은 것을 고르시오.

1 東京には _____ ___★___ _____ _____ ところが多いです。

    A 新宿   **B** 人が   **C** をはじめ   **D** 集まる

2 パクさんの話では、_____ ___★___ _____ _____。

    A ということです   **B** デートは   **C** いった   **D** うまく

3 お金は _____ _____ ___★___ _____。

    A 降りる   **B** 払います   **C** バスを   **D** 際に

4 _____ ___★___ _____ _____ ことになった。

    A あいさつを   **B** 代わって   **C** する   **D** 社長に

④ 다음 ▨▨▨▨ 의 말을 이용하여 올바른 문장을 만드시오.

1 今年は、英語や様々な言葉を勉強したいです。 〜をはじめ

    ➜ _____ 。

2 新しくても、古くても、自転車が必要です。 〜にしても〜にしても

    ➜ _____ 。

3 来週までにやってこなければ、先生が罰を与えます。 〜ということだ

    ➜ _____ 。

4 あの力士は、何度も横綱とけいこをします。強くなってきた。 〜につれて

    ➜ _____ 。

일본인이 생각하는 좋은 숫자, 나쁜 숫자

　일본인은 숫자에 꽤 신경을 씁니다. 예를 들어, 4와 9는 '4(し) = 死(し) = 죽음', '9 = 苦(く) = 고통'과 같은 발음이기 때문에 재수 없는 숫자라고 생각해 사용하기를 꺼립니다. 실제로 맨션에서 4가 붙는 방이 없는 경우도 있고, 병실 번호로 4와 함께 고통(苦)으로 통하는 9가 회피되기도 합니다. 다만, 병원에 처음부터 4층이 없거나 다른 이름을 쓰거나, 호텔 4층을 종업원용 시설로 이용하는 등의 경우는 예전에 비해 많이 적어졌지만, 여전히 병원 4층에 중환자실이나 수술실을 배치하지 않는 경우는 많이 보입니다. 또 결혼식 축의금 액수는 홀수인 3만 엔이 일반적인데, 홀수를 사용하는 이유는 짝수는 나눠지기 때문에 이별이 연상되기 때문이라고 합니다. 이는 장례식 때 내는 부의금도 마찬가지입니다.

　그런데 숫자에는 이런 나쁜 의미만 있는 것은 아닙니다. '고엔(5円)'은 좋은 인연이 있기를 바라는 뜻의 '고엔(ご縁)'과 같은 음입니다. 그래서 신사에서 신에게 기원할 때 내는 새전(賽銭)으로 5엔짜리 동전이 사용되기도 합니다. 이 밖에 서양 문화에서 들어온 7도 행운의 숫자로 선호하게 되었습니다. 아침에 밖에 나갔을 때 자동차 번호에서 행운의 숫자를 보면 왠지 그날은 좋은 일이 생길 것 같은 기분이 드는 것도 일본인의 숫자에 대한 집착일지도 모릅니다.

좋은 인연을 바라는 '고엔(ご縁)'과
같은 음의 '고엔(5円)'

결혼식 축의금은 홀수로

제12화

＃ 고등어를 세다

サバを<ruby>読<rt>よ</rt></ruby>む

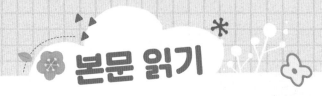

サバを読む

　皆さんは、自分の年齢を聞かれて、1、2歳少なく言ってしまうことはありませんか。これを日本語では「サバを読む」と言います。この表現は、実際の数字よりも大きく言ったり小さく言ったりしてごまかすという意味です。ここでの「読む」は、「票を読む」や「秒読み」のように数を数える意味で使っています。この表現で使われている「サバ」は、魚の「鯖」のことです。「サバ」は、他の魚に比べて青々とした魚なので、この漢字が当てられました。それでは、「サバを読む」の由来を一緒にみていきましょう。

　とれたばかりのサバは新鮮です。しかし、いくら新鮮だといっても、時間がすぎるとくさってしまいます。この表現ができた江戸時代には、現在のような冷蔵や冷凍の技術がありませんでした。そのため、市場では、漁師や魚屋はサバがくさるといけないので、できるだけ早く売っていました。そして、急いで数えていたところ、お客さんの注文した数と売った数が違うことが多かったのです。このことから「サバを読む」が生まれました。

　この「サバを読む」には、もう一つ由来があります。現在の福井県から滋賀県を通り京都にかけて「鯖街道」と呼ばれる道があります。昔は、港で水揚げされたサバは、すぐに塩につけてこの道を通って京都に運ばれていました。そして、京都に着いた時には塩加減が良く、ちょうど食べ頃になっていました。ただ、この運ぶ日数が長くなってしまうと、サバがくさるおそれがあります。それで、運ばれる日数を少なく言っていたという説があります。

　ところで、相手に何かを聞かれたときに、良く見せようとして、「サバを読む」ことがあると思います。分かりっこないと思っていても、相手は気づいているかもしれませんから気をつけましょうね。

내용 체크

1 「サバを<ruby>読<rt>よ</rt></ruby>む」의 의미로 알맞은 것을 고르시오.

① <ruby>漁師<rt>りょうし</rt></ruby>や<ruby>魚屋<rt>さかなや</rt></ruby>がサバを<ruby>早<rt>はや</rt></ruby>く<ruby>売<rt>う</rt></ruby>っていたという<ruby>意味<rt>いみ</rt></ruby>

② サバの<ruby>塩加減<rt>しおかげん</rt></ruby>がちょうどよく<ruby>食<rt>た</rt></ruby>べ<ruby>頃<rt>ごろ</rt></ruby>だという<ruby>意味<rt>いみ</rt></ruby>

③ <ruby>相手<rt>あいて</rt></ruby>に<ruby>自分<rt>じぶん</rt></ruby>の<ruby>年<rt>とし</rt></ruby>を<ruby>少<rt>すく</rt></ruby>なく<ruby>言<rt>い</rt></ruby>ってごまかすという<ruby>意味<rt>いみ</rt></ruby>

④ <ruby>票<rt>ひょう</rt></ruby>や<ruby>秒<rt>びょう</rt></ruby>などのように<ruby>数<rt>かず</rt></ruby>を<ruby>数<rt>かぞ</rt></ruby>えるという意味

2 본문의 내용과 맞는 것을 고르시오.

① サバは<ruby>時間<rt>じかん</rt></ruby>がすぎるとくさるので、<ruby>昔<rt>むかし</rt></ruby>は<ruby>急<rt>いそ</rt></ruby>いで<ruby>数<rt>かぞ</rt></ruby>えていた。

② 「<ruby>鯖街道<rt>さばかいどう</rt></ruby>」では、<ruby>京都<rt>きょうと</rt></ruby>で<ruby>水揚<rt>みずあ</rt></ruby>げされたサバが<ruby>福井<rt>ふくい</rt></ruby>に<ruby>運<rt>はこ</rt></ruby>ばれていた。

③ 昔から<ruby>冷蔵<rt>れいぞう</rt></ruby>や<ruby>冷凍<rt>れいとう</rt></ruby>の<ruby>技術<rt>ぎじゅつ</rt></ruby>があったので、<ruby>安全<rt>あんぜん</rt></ruby>にサバを運んでいた。

④ 「<ruby>読<rt>よ</rt></ruby>む」には、<ruby>本<rt>ほん</rt></ruby>を読むという<ruby>意味以外<rt>いみいがい</rt></ruby>では<ruby>使<rt>つか</rt></ruby>われない。

WORD

サバ 고등어

<ruby>実際<rt>じっさい</rt></ruby> 실제

<ruby>数<rt>かぞ</rt></ruby>える 세다

<ruby>新鮮<rt>しんせん</rt></ruby> 신선함, 싱싱함

<ruby>冷蔵<rt>れいぞう</rt></ruby> 냉장

<ruby>市場<rt>いちば</rt></ruby> 시장

<ruby>街道<rt>かいどう</rt></ruby> 가도, 큰 길거리

つける 절이다

<ruby>日数<rt>にっすう</rt></ruby> 일수

<ruby>読<rt>よ</rt></ruby>む 읽다, 세다

<ruby>票<rt>ひょう</rt></ruby>を<ruby>読<rt>よ</rt></ruby>む 표수를 세다

<ruby>青々<rt>あおあお</rt></ruby>とした 파릇파릇한, 푸르디 푸른

くさる 썩다, 상하다, 부패하다

<ruby>冷凍<rt>れいとう</rt></ruby> 냉동

<ruby>漁師<rt>りょうし</rt></ruby> 어부, 고기잡이

<ruby>港<rt>みなと</rt></ruby> 항, 항구

<ruby>加減<rt>かげん</rt></ruby> (알맞은) 상태나 정도

<ruby>気<rt>き</rt></ruby>づく 눈치 채다, 알아차리다

<ruby>年齢<rt>ねんれい</rt></ruby> 연령, 나이

<ruby>秒読<rt>びょうよ</rt></ruby>み 초읽기

とれる 잡히다

できる 생기다

<ruby>技術<rt>ぎじゅつ</rt></ruby> 기술

<ruby>魚屋<rt>さかなや</rt></ruby> 생선 장수, 생선 가게

<ruby>水揚<rt>みずあ</rt></ruby>げ 잡은 물고기를 배나 뭍에 건져 올림

<ruby>食<rt>た</rt></ruby>べ<ruby>頃<rt>ごろ</rt></ruby> 먹기에 적당함, 제철

① 〜に比べて　〜에 비해

명사에 접속하여 비교하여 말할 때 사용한다. 비교표현「〜より」와 같은 의미이다.

- 息子は、去年に比べて背が10センチも大きくなりました。
  아들은 작년에 비해 키가 10센티미터나 커졌습니다.
- 飛行機に比べて新幹線のほうが、便利だと思います。
  비행기에 비해 신칸센 쪽이 편리하다고 생각합니다.

② 〜といっても　〜라고 해도

동사·형용사·명사의 보통형에 접속하여 말하는 것과 실제가 다른 것을 표현할 때 사용한다. '~라고 하지만 실제는'이라는 의미를 나타낸다.

- 高いマンションに住んでいるといっても、お金持ちだとは限らない。
  비싼 아파트에 산다고 해도 부자라고 할 수는 없다.
- ソウルはいくら寒いといっても、アラスカほどではありません。
  서울은 아무리 춥다고 해도 알래스카만큼은 아닙니다.

③ 〜たところ　〜했더니

동사의 た형에 접속하여 놀람이나 새로운 사실을 발견했다는 것을 설명할 때 사용한다.

- テレビをつけたところ、母が好きな俳優がドラマに出ていました。
  텔레비전을 켰더니, 어머니가 좋아하는 배우가 드라마에 나왔습니다.
- 冷蔵庫を開けたところ、楽しみにしていたケーキがなくなっていた。
  냉장고를 열었더니, 기대하고 있던 케이크가 없어져 있었다.

④ ～から～にかけて　~부터(에서) ~에 걸쳐서

시간이나 장소를 나타내는 명사에 접속하여 일정 범위의 대략적인 시작과 끝을 나타낼 때 사용한다.

- 今週は、九州から沖縄にかけて、30度以上の暑さになるでしょう。
  이번 주는 규슈에서 오키나와에 걸쳐 30도 이상의 더위가 되겠습니다.

- 長島さんは、月曜日から木曜日にかけて、大学で日本の文化を教えている。
  나가시마 씨는 월요일부터 목요일에 걸쳐 대학에서 일본 문화를 가르치고 있다.

⑤ ～おそれがある　~할 우려가 있다

동사의 보통형과 명사+の에 접속하여 나쁜 일이 일어날지도 모른다고 말하고 싶을 때 사용한다.

뉴스나 통지문에 사용하는 일이 많다.

- 外に出しておくと、果物がくさるおそれがあります。
  밖에 꺼내두면, 과일이 상할 우려가 있습니다.

- 天気予報によると、今日は大雨のおそれがある。
  일기예보에 따르면, 오늘은 폭우가 내릴 우려가 있다.

⑥ ～っこない　(절대) ~할 리가 없다, 결코 ~하지 않다

동사의 ます형에 접속하여 강한 부정을 나타내며 주로 회화체에서 친한 사이에 사용한다.

- そんな適当な予測なんか当たりっこないよ。
  그런 적당히 하는 예측 따위 맞을 리가 없어.

- この魚は、この近くの海でとれっこないです。
  이 물고기는 이 근처 바다에서 결코 잡히지 않습니다.

확인 문제

1 다음 괄호 안에 들어갈 말을 아래 보기에서 고르시오.

1 野菜が（　　　　　　）なうちに料理で使います。

2 この海では、魚がたくさん（　　　　　　）そうですよ。

3 お客さん。このぶどうは、今が一番（　　　　　　）ですよ。

4 別の会社から届いた荷物を（　　　　　　）おきました。

> **보기** 数えて　　とれる　　新鮮　　食べ頃

2 다음 괄호 안에 들어갈 알맞은 말을 고르시오.

1 今日の会議は、3時から5時（　　　　　　）行われます。

　A にかける　　　　B にかけよう　　　C にかけた　　　　D にかけて

2 ちゃんと言わないと、間違えて（　　　　　　）おそれがある。

　A 伝わる　　　　　B 伝わって　　　　C 伝わり　　　　　D 伝わらない

3 私（　　　　　　）夫のほうが、よく運動をします。

　A において　　　　B に比べて　　　　C によって　　　　D につれて

4 ホンさんから本を（　　　　　　）ところ、もう読んだことがあるものだった。

　A 借りる　　　　　B 借りた　　　　　C 借ります　　　　D 借りない

3 ____★____ 안에 들어갈 말로 알맞은 것을 고르시오.

1 こんな ＿＿＿ ＿＿＿ ＿★＿ ＿＿＿。

 A 問題は   B っこない   C 誰も   D 答えられ

2 いくら ＿＿＿ ＿★＿ ＿＿＿ ＿＿＿、治す方法がありません。

 A 原因が   B といっても   C 分かった   D 病気の

3 さくらの花は ＿＿＿ ＿★＿ ＿＿＿ ＿＿＿ さく予定です。

 A 来週に   B から   C 今週   D かけて

4 ＿＿＿ ＿＿＿ ＿★＿ ＿＿＿ なった。

 A 広く   B 部屋に   C 比べて   D 以前の

4 다음 ▨▨▨▨ 의 말을 이용하여 올바른 문장을 만드시오.

1 こんなところに置いておくと、誰かが持っていく。　～おそれがある

 ➜ ＿＿＿＿＿＿＿＿＿＿＿＿＿＿＿＿＿＿＿＿＿＿＿＿＿＿＿＿＿＿＿＿。

2 これは新しい技術です。2年後には古くなります。　～といっても

 ➜ ＿＿＿＿＿＿＿＿＿＿＿＿＿＿＿＿＿＿＿＿＿＿＿＿＿＿＿＿＿＿＿＿。

3 初めて買った材料で作りました。とてもまずかったです。　～たところ

 ➜ ＿＿＿＿＿＿＿＿＿＿＿＿＿＿＿＿＿＿＿＿＿＿＿＿＿＿＿＿＿＿＿＿。

4 周りがうるさいから、声なんか聞こえません。　～っこない

 ➜ ＿＿＿＿＿＿＿＿＿＿＿＿＿＿＿＿＿＿＿＿＿＿＿＿＿＿＿＿＿＿＿＿。

재미있는 생선 한자

일본은 사면이 바다로 둘러싸여 생선을 많이 먹는데, 그래서인지 '물고기 어(魚)'자가 들어간 한자가 200가지 이상이나 됩니다. 그 중에는 일본에서 만들어진 한자도 많은데 이것을 '고쿠지(国字)'라고 합니다. 이 고쿠지에 특히 魚자가 들어간 것이 많은 것은, 생선이 그만큼 일본인들에게 친숙한 식량이기 때문입니다.

일본인이 자주 가는 스시집에는 생선 한자가 잔뜩 적혀 있는 '유노미(湯のみ, 찻잔)'가 놓여 있는 경우가 많습니다. 생선에 관한 한자이기 때문에 왼쪽에 魚자가 들어간 것은 물론이며, 오른쪽에 오는 한자에 따라 물고기의 특징도 알 수 있습니다. 예를 들어 사바(鯖, 고등어)는 등이 푸른 생선이라는 의미로 오른쪽에 靑을 붙였고, 히라메(鮃, 광어)는 생김새가 평평해서 오른쪽에 平을 붙였다고 합니다. 또 '이와시(鰯, 정어리)'는 뭍으로 나오면 바로 죽어 버릴 정도로 약하기 때문에 '魚'와 '弱'이 합해져 '鰯'가 되었다고 하고, '타이(鯛, 도미)'는 일본 주위에 많아 일년 내내 잡을 수 있기 때문에 오른쪽에 '周(주위)'자를 붙였다고 합니다.

다만, 같은 생선이라도 '삼마(秋刀魚, 꽁치)'처럼 魚자 변이 들어가지 않은 것도 있는데, 가을에 먹는 칼 모양의 생선이어서 이렇게 이름 붙였다고 합니다. 이처럼 일본 생선의 한자를 보면 특징을 유추할 수 있어 참 흥미롭습니다. 일본의 국민 만화인 '사자에상(サザエさん)'에 등장하는 캐릭터의 이름에도 어패류가 많은데 이 때문에 더 친숙한 이미지가 있습니다.

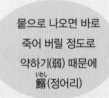

뭍으로 나오면 바로
죽어 버릴 정도로
약하기(弱) 때문에
鰯(정어리)

일본 주위(周)에 많아
일년 내내 잡을 수 있는
鯛(도미)

등이 푸른(靑)
생선이라
鯖(고등어)

생선 한자가 잔뜩 적힌 유노미

제13화

\# 잔디에 앉다

<ruby>芝<rt>しば</rt></ruby><ruby>居<rt>い</rt></ruby>

芝居
しばい

　日本人は、演劇を見に行くことをよく「芝居に行く」と言います。日本では、歌舞伎やオペラなどの演劇のことを「芝居」とも言いますが、なぜ「芝居」と言うのでしょうか。これは、日本の伝統芸能さえ分かれば理解しやすいです。その由来を一緒に見ていきましょう。

　まず、演劇と「芝居」の意味の違いからです。演劇は、オペラやミュージカルなどの本格的な舞台を指します。しかし「芝居」は、演劇と同じ意味で使われますが、歌舞伎や人形芝居など、どちらかというと伝統的で大衆的なイメージがあります。また「芝居を打つ」のように、相手をだます演技をするという意味として使うことがありますが、演劇は使いません。

　もともと日本の伝統芸能である能楽や歌舞伎のような演劇は、お寺や神社で行われていて、人に見せるためのものというよりも、神様に見せるためのものでした。昔は、演劇をするたびに、観客は芝生をひもで囲って作られた席に座って見ていました。その頃は、お寺や神社の芝生のことを「芝居」といって神聖な場だと考えていたそうです。そんな神聖な場所であるべき「芝居」が、室町時代以降「芝の上に居て観る」ということから、観客席の意味としても使われるようになりました。

　現在のように、演劇を「芝居」と呼ぶようになったのは江戸時代からです。この時代には、歌舞伎が多くの人に人気がありました。江戸や大阪などに歌舞伎を見る劇場が作られ「芝居小屋」と呼ばれていました。そして、次第に「芝居」の意味が広がっていくにしたがって、客席を含めた劇場のみならず、演劇や演技の意味をも持つようになりました。

　日本語の中には、「芝居」のように様々な語源や由来がある言葉が多いです。色々な意味はもとより、面白さも隠れていますから、ぜひ調べてみてくださいね。

내용 체크

1 「芝居」의 의미로 알맞은 것을 고르시오.

① 歌舞伎などを芝生の上で見るという意味からきた言葉のことである。

② オペラやミュージカルのような伝統的なもののことである。

③ お寺や神社にある誰でも座ることができる場所のことである。

④ 芝生をひもで囲って作った神様の座る席のことである。

2 본문의 내용과 맞는 것을 고르시오.

① 江戸時代には、江戸や大阪で能楽や人形劇が人気だった。

② 江戸や大阪の人は、歌舞伎を「芝居小屋」という劇場で見ていた。

③ 「芝居」は、演劇や演技の意味でしか使われない。

④ 相手をだますという意味で演劇を使うことがある。

WORD

演劇 연극	歌舞伎 가부키	伝統 전통
芸能 예능	理解 이해	〜(し)やすい 〜(하)기 쉽다
違い 차이, 다름	本格的 본격적	舞台 무대
人形 인형	大衆的 대중적	芝居を打つ 연극을 흥행시키다
演技 연기	行う 일을 하다, 행하다	観客 관객
芝生 잔디	ひも 끈, 줄	囲う 둘러싸다, 숨겨 두다
席 자리	神聖 신성함	以降 이후, 이래
人気 인기	劇場 극장	小屋 오두막
含める 포함하다	隠れる 숨다	

문법 알기 ✳

1 **~さえ~ば   ~만 ~하면**

동사의 ます형, い형용사의 く형, な형용사의 で형과 명사에 접속하여 하나의 조건이 충족되면
다른 것은 문제 없다는 의미를 나타낸다.

- この機械は、使い方を理解しさえすれば問題ありません。
  이 기계는 사용법을 이해하기만 하면 문제없습니다.

- 交通が便利でさえあれば、この部屋に決めます。
  교통이 편리하기만 하면 이 방으로 정하겠습니다.

2 **~というよりも   ~라(고 하)기보다**

동사·형용사·명사의 보통형에 접속하여 앞 뒤 문장을 비교했을 때 뒤 문장이 오히려 적절하다는
의미를 나타낼 때 사용한다.

- 会議で出た内容は、会社の問題というよりも社会全体の問題だった。
  회의에서 나온 내용은 회사 문제라기보다 사회 전체의 문제였다.

- 疲れているので、お風呂に入るというよりも早く寝たいです。
  피곤해서 목욕하기보다 일찍 자고 싶습니다.

3 **~べきだ   ~해야만 한다**

동사의 사전형에 접속하여 '상식적으로 ~하는 것이 당연하다' 또는 '의무'의 의미를 나타낸다. 단,
「する」는 「すべきだ」의 형태로 사용한다.

- 挑戦する機会があるなら、やってみるべきだと思いますよ。
  도전할 기회가 있다면 해 봐야 한다고 생각해요.

- 地震が起きたら、早く安全なところへ移動すべきです。
  지진이 일어나면 빨리 안전한 곳으로 이동해야 합니다.

4 **〜にしたがって**　**~에 따라**

동사의 사전형과 명사에 접속하여 앞 문장의 변화에 따라 뒷 문장도 변화한다는 의미를 나타낸다.

- 森の中を進むにしたがって、少しずつ明るくなってきた。
  숲속을 앞으로 나아감에 따라 조금씩 밝아졌다.

- 休みが終わるにしたがって、学校に行く準備を始めます。
  방학이 끝나감에 따라 학교 갈 준비를 시작합니다.

5 **〜のみならず**　**~뿐만 아니라**

동사·형용사·명사의 보통형과 명사에 접속하여 '그것 뿐 아니라 다른 것도 더 있다'는 추가의 의미

를 나타낸다. 문장체에서 사용하며 회화체에서는 だけでなく를 사용한다.

- 電気自動車は、静かに走るのみならず、スピードもとても出る。
  전기 자동차는 조용히 달릴 뿐만 아니라 속도도 매우 난다.

- 事故が起きた原因のみならず、二度と起きない方法も考えましょう。
  사고가 난 원인 뿐만 아니라, 두 번 다시 발생하지 않을 방법도 생각합시다.

6 **〜はもとより**　**~은 물론, ~은 말할 것도 없이**

명사에 접속하여 '말할 필요가 없을 정도로 당연하다'는 의미를 나타낸다.

- 日本では、歌舞伎はもとより、能楽も人気があります。
  일본에서는 가부키는 물론 노가쿠도 인기가 있습니다.

- 祖母の家では、野菜はもとより果物も作っている。
  할머니 댁에서는 채소는 물론 과일도 재배하고 있다.

확인 문제

1 다음 괄호 안에 들어갈 말을 아래 보기에서 고르시오.

1 道にいた猫に近づいたら（　　　　　）しまった。

2 姉が作るケーキは（　　　　　）です。

3 コーヒーの味の（　　　　　）を知りたいです。

4 今若い人の間では、この映画が（　　　　　）だそうですよ。

보기	人気	違い	本格的	隠れて

2 다음 괄호 안에 들어갈 알맞은 말을 고르시오.

1 果物は、古くなる前に早く食べる（　　　　　）です。

　A　から　　　　B　べき　　　　C　のは　　　　D　ところ

2 部長の意見（　　　　　）したがって、計画を見直した。

　A　に　　　　B　を　　　　C　で　　　　D　と

3 キムさんさえ（　　　　　）、来週プールへ行きましょう。

　A　良くて　　　B　いいければ　　C　良ければ　　D　いいから

4 姉はマンガは（　　　　　）、小説もよく読んでいます。

　A　もとに　　　B　もとでも　　C　もとなら　　D　もとより

3 ___★___ 안에 들어갈 말로 알맞은 것을 고르시오.

1 _____ _____ ___★___ _____、洋服や食べ物も届いた。

   A 本   B ならず   C 実家から   D のみ

2 ジョンさんとカンさんは、_____ ___★___ _____ _____ です。

   A というよりも   B 友だち   C 兄弟   D みたい

3 _____ _____ ___★___ _____、みんな分かってくれますよ。

   A きちんと   B すれば   C 説明さえ   D あなたが

4 プロジェクトは _____ ___★___ _____ _____ なりました。

   A 進める   B したがって   C ことに   D 予定に

4 다음 ▨▨▨▨ 의 말을 이용하여 올바른 문장을 만드시오.

1 運を天に任せないで、自分でがんばります。 ～べき

   ➡ _____。

2 大山さんは、頭が回ります。行動が早いです。 ～のみならず

   ➡ _____。

3 西洋の影響は、言葉と食べ物に見られます。 ～はもとより

   ➡ _____。

4 海で泳ぎます。山に登りたいです。 ～というよりも

   ➡ _____。

아이돌 못지 않은 인기, 歌舞伎 배우
かぶき

　가부키(歌舞伎)는 노래와 춤, 음악, 연극 등으로 구성되어 있는 전통 무대예술로, 일본인은 가부키를 통해 일본문화에 대한 자긍심을 느낍니다. 탄생한 지 400년 이상이나 되었지만 시대에 따라 변화를 계속하여 세계적으로 자랑할만한 초일류 엔터테인먼트로 성장했습니다. 당시로서는 최첨단이라고 할 수 있는 입체적인 회전무대와 화려한 의상, 라이브 음악, 다양한 스토리와 언어표현 등, 단순한 볼거리를 넘어 오늘날 대표적인 일본문화로 자리매김하였습니다.

　유명한 가부키 배우들은 연예계에서도 인기가 많습니다. 외모가 잘생기고 멋있는 남자를 일본어로 '이케멘(イケメン, 꽃미남)'이라고 하는데, 이 이케멘은 멋있다는 뜻의 '이케테루(イケてる)'와 남성을 가리키는 '멘(メン)'이 결합된 말로, 2000년경부터 젊은 사람들을 중심으로 유행하게 되었습니다. 지금은 일반적으로 쓰이는 말이지만 이케멘이 나오기 전에는 '니마이메(二枚目)'라는 말을 사용했습니다. 이것은 가부키에서 나온 말로, 이케멘과 같은 의미로 사용되었습니다. 공연을 할 때 가부키 극장에는 배우의 얼굴 그림이 걸리는데, 이치마이메(一枚目, 첫 번째)는 '주역', 니마이메(二枚目, 두 번째)는 '꽃미남', 그리고 삼마이메(三枚目, 세 번째)는 '재미있는 연기를 해서 손님을 웃게 만드는 역할의 사람'을 가리킵니다. 옛날부터 꽃미남인 니마이메의 팬들이 많았고, 그를 보려고 가부키 극장에 사람들이 몰려들었습니다. 현대에는 가부키 배우 중 아이돌 못지 않은 인기를 누리고 있는 배우도 많아, 매년 '가부키 배우 이케멘 순위' 투표를 실시해서 결과를 공표하고 있습니다.

지하철역에 걸려 있는 가부키 포스터

제14화

족제비 놀이

いたちごっこ

いたちごっこ

　皆さんたちは、子供の頃にどんな遊びをしていましたか。日本の子供たちの遊びには、あっち向いてホイやけん玉、縄とびなどがあります。このような遊びは、時代を問わず親から子へと長年にわたって伝えられてきたものが多いです。「いたちごっこ」も江戸時代の子供の遊びが由来です。ここで「ごっこ」とは、二人以上が交互に同じ動作をしたり、何かのまねをするという意味です。おにごっこやお医者さんごっこなどのようによく使われます。では、この「いたちごっこ」は、どんな遊びなのか、そしてどのように使われているのか見てみましょう。

　ところで、「いたち」とは何か知っていますか。「いたち」は、体が細長く小さい動物で夜活動をします。昔から、街の近くの林や家の屋根裏などで生活をしていたため、犬や猫のような身近にいる動物でした。そんな動物だっただけに、子供たちの遊びにも出てくるのです。

　「いたちごっこ」という遊びは、二人で向かい合って「いたちごっこ、ねずみごっこ」と言いながら、お互いに相手の手の甲をつまみ、自分の手をその上にのせます。それをくり返すのですが、誰かがやめると言わない限り、終わらない遊びです。この様子から、お互いに同じような主張をくり返して、いつまでも決まらないという意味として使われるようになりました。

　この「いたちごっこ」は、「会議では、自分たちの意見ばかり言い合って、いたちごっこみたいだった」など否定的な場面でよく用いられます。このように、自分の意見を押し通すだけでは、話し合いのしようがありませんよね。だから、お互いの話をきちんと聞いて、「いたちごっこ」にならないようにしたいですね。

1 「いたちごっこ」의 의미로 알맞은 것을 고르시오.

① 二人^{ふたり}以上^{いじょう}が交互^{こうご}に同^{おな}じ動作^{どうさ}をしたり、ものまねをするという意味^{いみ}

② お互^{たが}いに同じことを言^いっていて、いつまでも決^きまらないという意味

③ 相手^{あいて}の意見^{いけん}を聞^きかないで、自分^{じぶん}の意見を押^おし通^{とお}すという意味

④ 相手の手^ての甲^{こう}をつまみ、誰^{だれ}かがやめるまで終^おわらないという意味

2 본문의 내용과 맞는 것을 고르시오.

① 日本^{にほん}の子供^{こども}の遊^{あそ}びには、けん玉^{だま}と縄^{なわ}とびがあるが、最近遊^{さいきんあそ}ばれるようになった。

② 「いたちごっこ」は、江戸時代^{えどじだい}の親^{おや}たちの遊びが由来^{ゆらい}である。

③ 犬^{いぬ}や猫^{ねこ}のような身近^{みぢか}にいる動物^{どうぶつ}は、子供^{こども}の遊びには出^でてこない。

④ 「いたち」は、家^{いえ}の屋根裏^{やねうら}などに住^すんでいて、体^{からだ}が細長^{ほそなが}くて小^{ちい}さい動物である。

WORD

いたち 족제비	**〜ごっこ** 〜(의 흉내를 내는) 놀이	**遊^{あそ}び** 놀이
向^むく 향하다, 돌리다	**縄^{なわ}とび** 줄넘기	**長年^{ながねん}** 오랜 기간
交互^{こうご}に 상호, 번갈아	**動作^{どうさ}** 동작	**まねをする** 흉내를 내다
おにごっこ 술래잡기	**細長^{ほそなが}い** 가늘고 길다, 홀쭉하다	**活動^{かつどう}** 활동
屋根裏^{やねうら} 지붕 밑, 다락방	**身近^{みぢか}** 신변, 몸에 가까운 곳	**向^むかい合^あう** 마주 보다, 마주 대하다
ねずみ 쥐	**手^ての甲^{こう}** 손등	**つまむ** (손가락으로) 집다, 집어먹다
のせる 얹다, 싣다, 올리다	**やめる** 그만두다, 끊다	**お互^{たが}いに** 서로, 교대로
主張^{しゅちょう} 주장	**言^いい合^あう** 서로 말하다, 언쟁하다	**押^おし通^{とお}す** 끝까지 관철하다
話^{はな}し合^あい 의논		

문법 알기 ✳

① ～を問わず   ~을 불문하고, ~에 관계 없이

명사에 접속하여 '~를 문제 삼지 않는다'라는 의미를 나타낸다. 주로 문장체에서 사용한다.

- インターネットがあれば、場所を問わず勉強することができる。

  인터넷이 있으면 장소에 관계 없이 공부할 수 있다.

- この曲は、年齢を問わず、多くの人が聞いています。

  이 곡은 나이를 불문하고 많은 사람들이 듣고 있습니다.

② ～にわたって   ~에 걸쳐(서)

명사에 접속하여 어떤 행위나 상태가 거리·시간·공간의 범위 전체에 미치는 모습을 나타내는 의미로 사용한다.

- この作品は、山田さんが 3 年にわたって書いたものです。

  이 작품은 야마다 씨가 3년에 걸쳐 쓴 것입니다.

- この週末は、北海道から東京にわたって晴れるでしょう。

  이번 주말은 홋카이도에서 도쿄에 걸쳐 맑겠습니다.

③ ～だけに   ~인 만큼

동사·い형용사·な형용사의 보통형, な형용사의 어간, 명사+な에 접속하여 '~기 때문에 당연히 더 ~하다'라는 의미로 사용한다.

- 山下さんは、毎日運動しているだけに元気ですね。

  야마시타 씨는 매일 운동하고 있는 만큼 건강하네요.

- 値段が高いだけに、ホテルの部屋はとても広かったです。

  가격이 비싼 만큼 호텔 방은 매우 넓었습니다.

④ ～ない限（かぎ）り　～하지 않는 한

동사·형용사의 ない형에 접속하여 '～하지 않으면 절대로'라는 의미로 조건의 범위를 나타낼 때 사용한다.

- 明日（あした）は、約束（やくそく）が入（はい）ら**ない限り**、参加（さんか）することができます。
  내일은 약속이 잡히지 않는 한 참석할 수 있습니다.

- うるさく**ない限り**、ここで話（はな）してもいいですよ。
  시끄럽지 않은 한, 여기서 얘기해도 돼요.

⑤ ～通（とお）す　끝까지(계속해서) ～하다

동사의 ます형에 접속하여 '마지막까지 ～하다'라는 의미를 나타낸다. 사람의 동작을 나타내는 동사에 사용한다.

- あの選手（せんしゅ）は、けがをしながら最後（さいご）まで走（はし）り**通しました**。
  저 선수는 다치면서도 끝까지 달렸습니다.

- 寺田（てらだ）さんは、一度（いちど）決（き）めたことは、最後（さいご）までやり**通す**人（ひと）です。
  테라다 씨는 한번 결정한 것은 끝까지 해내는 사람입니다.

⑥ ～ようがない　～할 수(방도)가 없다

동사의 ます형에 접속하여 '마음은 있으나 어떤 방법을 써도 도저히 어찌할 도리가 없다'라는 의미로 사용한다.

- ニュースだけでは、事故（じこ）の様子（ようす）が分（わ）かり**ようがない**。
  뉴스만으로는 사고의 상황을 알 수 없다.

- ちゃんと聞（き）こうとしないんだから、話（はな）し**ようがない**です。
  제대로 들으려고 하지 않으니 말할 방도가 없습니다.

1 다음 괄호 안에 들어갈 말을 아래 보기에서 고르시오.

1 最近、プリンターの（　　　　　）がおかしい。

2 外で男の人と女の人が大きな声で（　　　　　）をしている。

3 ビルの中に車が（　　　　　）に入って行きました。

4 彼女は、鳥の声の（　　　　　）がとても上手です。

보기	交互　　　まね　　　動作　　　言い合い

2 다음 괄호 안에 들어갈 알맞은 말을 고르시오.

1 この橋は、長年（　　　　　）多くの人が利用しています。

　A によって　　　B にわたって　　　C において　　　D に関して

2 この電車は便利な（　　　　　）、なくなるのは残念です。

　A だけに　　　B からに　　　C までに　　　D ほどに

3 かばんの中はいっぱいだから、もう（　　　　　）がない。

　A 入れて　　　B 入れる　　　C 入れそう　　　D 入れよう

4 アレックスさんは、最後まで自分の意見を（　　　　　）ました。

　A 押し歩き　　　B 押し回し　　　C 押し通し　　　D 押し返し

3 ____ ★ ____ 안에 들어갈 말로 알맞은 것을 고르시오.

1 _____ _____ ★ _____ 、新しいものは買いません。

   A 限り   **B** この   **C** 壊れない   **D** そうじ機が

2 この _____ _____ ★ _____ 。

   A 楽しめます   **B** 男女を   **C** イベントは   **D** 問わず

3 歌舞伎は _____ ★ _____ _____ 。

   A 行われる   **B** わたって   **C** そうです   **D** 3時間に

4 二人は、最後まで _____ _____ ★ _____ 。

   A 守り   **B** 約束を   **C** 通した   **D** そうです

4 다음 ▨▨▨ 의 말을 이용하여 올바른 문장을 만드시오.

1 この祭りは、大人子供関係ないです。多くの人が訪れます。 ～を問わず

  ➜ _____ 。

2 夫が帰ってきません。眠れません。 ～ない限り

  ➜ _____ 。

3 地図がないので、集まる場所に行けません。 ～ようがない

  ➜ _____ 。

4 兄は背が高いです。棚の上に手が届きます。 ～だけに

  ➜ _____ 。

요괴가 낳은 세계적인 일본의 アニメ

일본은 갓파(河童, 물 요괴)나 자시키와라시(座敷わらし, 집에 행운을 주는 집 요괴) 등 요괴가 많이 사는 나라입니다. 일본에서 요괴는 그 지역에 전해 내려오는 이야기에도 많이 나올 만큼 친숙한 존재이며, 주변에 있는 생물의 모습을 한 경우가 많습니다.

'이타치 놀이(いたちごっこ)'에 나오는 いたち(족제비) 중에도 요괴가 있는데, かまいたち라는 족제비 요괴는 삼형제로, 바람을 타고 나타나 장남이 사람을 넘어뜨리고 둘째가 칼로 상처를 내면 막내가 그 상처에 약을 바른다고 합니다. 이 요괴 삼형제는 사람을 다치게 하지만, 통증도 없고 피도 나지 않기 때문에 상처를 알아차리는 사람은 없습니다. 이 이야기에서 나온 단어가 かまいたち로, 갑자기 넘어지거나 했을 때 다치지도 않았는데 피부에 낫으로 베인 듯한 상처가 생기는 현상을 말합니다.

이 밖에도 '아즈키아라이(小豆洗い)'라는 물건을 잘 세는 상서로운 요괴나, 너구리의 몸에 머리는 원숭이, 손발은 호랑이, 꼬리는 뱀, 소리는 호랑지빠귀(새의 종류)를 가진 무서운 요괴 '누에(ぬえ)'도 있고, 요괴들의 행렬인 '백귀야행(百鬼夜行)'을 보면 죽는다는 전설도 있습니다. 이러한 요괴들의 현상과 존재가 이야기로 전해져 전 세계적으로 유례가 없는 일본의 요괴 문화가 형성되었으며, 미야자키 하야오(宮崎駿) 감독의 '센과 치히로의 행방불명(千と千尋の神隠し)'과 같은 세계적인 걸작이 탄생하게 된 것입니다.

돗토리현(鳥取県)의 요괴마을 미즈키 시게루 로드(水木しげるロード)

제15화

\# 발이 나오다

<ruby>足<rt>あし</rt></ruby>が<ruby>出<rt>で</rt></ruby>る

足が出る
（あし　で）

　日本語の足には、大きく人の足とお金の2つの意味があります。なぜ、足がお金と関係があるのでしょうか。平安時代に宮中で働いていた女性たちは、お金のことを、世の中をめぐった末にまた戻ってくる様子から「お足」と呼んでいたそうです。そして、この「お足」と「人の足」の意味から「足が出る」という表現も生まれました。普段、出費が多くて赤字になるという意味とか、隠していたことが人に気づかれるという意味で使います。この表現は、前者は着物と、後者は芝居と関係があります。それぞれどういう関係があるのか、その由来について見てみましょう。

　まず、着物に関する由来です。江戸時代の人は、着物を呉服屋という専門店で作っていました。しかし、呉服屋に頼んだものの、サイズが合うどころか、布が足りず、短すぎて着物から「足が出る」ことがありました。でも、予算をこえるわけにはいかなかったため、仕方なく短い着物を着ざるをえませんでした。このように「足が出る」は、予算内の金額では着物が完成しなかったという話から、赤字の意味になったというわけです。

　次に、芝居に関する由来についてです。ある日、芝居で馬の役をしていた人が、演技をしている途中で、うっかり自分の足が出たのをお客さんに見られてしまいました。この出来事から、「足が出る」が「人に気づかれる」という意味としても使われるようになりました。いくら衣装を着ていたとはいえ、自分の足がお客さんに見られたので、はずかしかったでしょうね。

　最近「足が出る」は、赤字の意味でよく使われています。皆さんも、普段の生活で足が出ないように気をつけてくださいね。

1 「足が出る」의 의미로 알맞은 것을 고르시오.

① 隠していたことが誰かに気づかれてしまうという意味

② 出費は多いが、お金には問題がないという意味

③ 着物から自分の足が出ているのを見たという意味

④ 決まった予算で着物を作ったら、布が残ったという意味

2 본문의 내용과 맞는 것을 고르시오.

① 呉服屋で作る着物は、予算の範囲内で完成することはなかった。

② 平安時代に、お金は世の中を回ってまた戻ってくるので「お足」と呼んでいた。

③ 江戸時代には、布が足りなかったので短い着物を着ることが多かった。

④ 馬の演技をしていたときに、うっかり足が出ても気にすることはなかった。

WORD

宮中 궁중	めぐる 돌아다니다	戻る 되돌아가(오)다
普段 평소	出費 지출	赤字になる 적자가 나다
隠す 숨기다, 감추다	～に気づかれる ～에게 들키다	それぞれ 각각, 각기
呉服屋 포목점, 옷감 가게	専門店 전문점	頼む 의뢰하다
サイズが合う 사이즈(크기)가 맞다	布 천, 헝겊	足りる 충분하다, 족하다
～すぎる 너무 ～하다	予算 예산	こえる 넘다
仕方なく 어쩔 수 없이	金額 금액	完成 완성
役 역할, 역	～途中で 도중에	うっかり 무심코, 깜빡
出来事 사건, 일	衣装 의상	はずかしい 부끄럽다

문법 알기 ✳

① **〜末(に)**　〜한 끝에

동사의 た형과 명사+の에 접속하여 '어떤 일을 한 후 마침내 결과에 이르렀다'는 의미를 나타낸다.

여러 문제점이나 어려움이 있었다는 의미가 있다.

- 図書館で何時間も探した末に、やっと本が見つかりました。
  도서관에서 몇 시간이나 찾은 끝에 겨우 책이 발견됐습니다.

- 父との話し合いの末、アメリカへ留学することになった。
  아버지와의 대화 끝에 미국으로 유학가게 되었다.

② **〜ものの**　〜이지만

동사·형용사·명사의 보통형, な형용사의 어간+な에 접속하여 앞 문장의 동작이나 상태에 반해 결과가 다른 경우에 사용한다. 역접표현인 けれども와 같은 의미이나 주로 문장체에서 사용한다.

- 秘密を最後まで隠したものの、周りに気づかれました。
  비밀을 끝까지 숨겼지만 주위에서 눈치챘습니다.

- 彼は、先生の前ではまじめなものの、いないとすぐになまける。
  그는 선생님 앞에서는 성실하지만 없으면 금방 게으름을 피운다.

③ **〜どころか**　〜는커녕, 〜는 고사하고

동사의 보통형과 명사에 접속하여 이전의 상황보다 더 못한 정반대의 상황을 강조하는 의미로 사용한다. 놀람과 의외, 불만 등의 기분을 나타낸다.

- 引っ越したアパートは、駅が遠くて便利になるどころか不便になった。
  이사한 아파트는 역이 멀어서 편리해지기는커녕 불편해졌다.

- 私の家の近くには、スーパーどころかコンビニもありませんよ。
  저희 집 근처에는 슈퍼는 고사하고 편의점도 없어요.

4 **〜わけにはいかない**　**〜할 수는 없다**

동사의 사전형에 접속하여 '하고 싶은 마음은 있으나 사회 통념이나 도리상 그렇게 할 수 없다'는 의미를 나타낸다. 이에 비해 〜できない는 능력이 없어서 할 수 없다는 의미로 사용한다.

- 困^{こま}っている人^{ひと}がいるのに、知^しらないふりをするわけにはいかない。
  곤란한 사람이 있는데 모른 척 할 수는 없다.

- 明日^{あした}は朝早^{あさはや}く起^おきないといけないので、お酒^{さけ}を飲^のむわけにはいきません。
  내일은 아침 일찍 일어나야 하기 때문에 술을 마실 수는 없습니다.

5 **〜ざるをえない**　**〜하지 않을 수 없다(해야 한다)**

동사의 ない형에 접속하여 하고 싶지 않지만 피할 수 없는 상황이라는 의미를 나타낸다.

- 課長^{か ちょう}からの質問^{しつもん}に、今^{いま}はあいまいに答^{こた}えざるをえない。
  과장님으로부터의 질문에 지금은 애매하게 대답하지 않을 수 없다.

- 子供^{こ ども}のお願^{ねが}いだから、聞^きかざるをえませんでした。
  아이의 부탁이기 때문에 듣지 않을 수 없었습니다.

6 **〜とはいえ**　**〜라고는 해도**

동사·형용사·명사의 보통형에 접속하여 앞의 내용을 수긍하면서 문제점이나 설명을 덧붙여 반대 또는 예외적이라는 의미를 나타낸다. 역접표현의 하나로 〜といっても에 비해 딱딱한 표현이다.

- 西田^{にし だ}さんと知^しり合^あいだとはいえ、頼^{たの}むのは厚^{あつ}かましいですよ。
  니시다 씨와 아는 사이라고는 해도 부탁하는 것은 뻔뻔해요.

- いくら機嫌^{き げん}が悪^{わる}かったとはいえ、強^{つよ}く言^いいすぎました。
  아무리 기분이 나빴다고는 해도 너무 세게 말했습니다.

확인 문제

1 다음 괄호 안에 들어갈 말을 아래 보기에서 고르시오.

1 せっかく作った<ruby>作<rt>つく</rt></ruby>ったセーターを（　　　　）<ruby>忘<rt>わす</rt></ruby>れてしまいました。

2 <ruby>今年<rt>ことし</rt></ruby>は、<ruby>会社<rt>かいしゃ</rt></ruby>が（　　　　）なのでボーナスがありませんでした。

3 <ruby>家<rt>いえ</rt></ruby>を<ruby>買<rt>か</rt></ruby>うので（　　　　）を<ruby>減<rt>へ</rt></ruby>らしています。

4 <ruby>塩<rt>しお</rt></ruby>が<ruby>少<rt>すこ</rt></ruby>し（　　　　）、<ruby>味<rt>あじ</rt></ruby>がうすいです。

> **보기**　　<ruby>足<rt>た</rt></ruby>りなくて　　うっかり　　<ruby>出費<rt>しゅっぴ</rt></ruby>　　<ruby>赤字<rt>あかじ</rt></ruby>

2 다음 괄호 안에 들어갈 알맞은 말을 고르시오.

1 <ruby>予算<rt>よさん</rt></ruby>を（　　　　）ものの、<ruby>大<rt>おお</rt></ruby>きな<ruby>問題<rt>もんだい</rt></ruby>はなかった。

　A こえよう　　　B こえて　　　C こえます　　　D こえた

2 <ruby>仕方<rt>しかた</rt></ruby>なかった（　　　　）、<ruby>怒<rt>おこ</rt></ruby>らなくても<ruby>良<rt>よ</rt></ruby>かったと<ruby>思<rt>おも</rt></ruby>いますよ。

　A とはいえ　　　B ともいえ　　　C といえる　　　D といえば

3 これは、<ruby>私<rt>わたし</rt></ruby>が<ruby>何日<rt>なんにち</rt></ruby>も（　　　　）に<ruby>出<rt>だ</rt></ruby>した<ruby>答<rt>こた</rt></ruby>えです。

　A <ruby>考<rt>かんが</rt></ruby>える<ruby>末<rt>すえ</rt></ruby>　　B <ruby>考<rt>かんが</rt></ruby>えて<ruby>末<rt>すえ</rt></ruby>　　C <ruby>考<rt>かんが</rt></ruby>えた<ruby>末<rt>すえ</rt></ruby>　　D <ruby>考<rt>かんが</rt></ruby>え<ruby>末<rt>すえ</rt></ruby>

4 <ruby>悪<rt>わる</rt></ruby>い<ruby>出来事<rt>できごと</rt></ruby>が<ruby>多<rt>おお</rt></ruby>くて、テレビ（　　　　）<ruby>新聞<rt>しんぶん</rt></ruby>も<ruby>見<rt>み</rt></ruby>たくないです。

　A だけで　　　B どころか　　　C のせいで　　　D なんて

3 ____★____ 안에 들어갈 말로 알맞은 것을 고르시오.

1 ここで遊ぶのは危ないから、_____ _____ ★ _____ _____。

　A　わけには　　　　B　しない　　　　C　いかない　　　D　注意

2 家族が反対するので、_____ _____ ★ _____ _____。

　A　タバコを　　　　B　ざるを　　　　C　やめ　　　　　D　えません

3 _____ ★ _____ _____ 寝てしまいました。

　A　始めた　　　　　B　読み　　　　　C　雑誌を　　　　D　ものの

4 今年の冬は雪が多くて _____ _____ ★ _____ 出られませんでした。

　A　外にも　　　　　B　スキーに　　　C　どころか　　　D　行く

4 다음 [　　　]의 말을 이용하여 올바른 문장을 만드시오.

1 当たり外れがあります。あのラーメン屋は本当にまずい。 ～とはいえ

　➜ _____。

2 あの営業マンに何回もだまされているので、信じられない。 ～わけにはいかない

　➜ _____。

3 何度もやってみました。うまくいきました。 ～末に

　➜ _____。

4 みんなが誘うので、飲み会に行く。 ～ざるをえない

　➜ _____。

이유 있는 지명, 銀座_{ぎんざ}

도쿄의 유명한 쇼핑 거리인 긴자(銀座)는 도쿄 도심을 대표하는 고급 상업 지구입니다. 유명 백화점과 명품점이 즐비한 긴자는 오랜 세월 동안 서구 문화가 유입되어 고급스러운 이미지를 갖고 있지만, 옛날에는 '신환전마을(新両替町)_{しんりょうがえちょう}'이라는 이름을 가진 평범한 마을이었습니다.

에도시대에 이 마을에는 에도 막부가 직접 관리하는 '긴자'라는 이름의 은화 주조소가 있었습니다. 주조소가 있었던 만큼 마을에는 돈을 가진 사람들이 모여 들었고, 이에 따라 원형의 고급 포목점(지금의 백화점)같은 것들이 들어서게 되었습니다. 그러면서 이곳은 '신환전마을'이 아닌 '긴자'라는 명칭으로 친숙해지며, 메이지시대에 이르러 긴자라는 지명으로 바뀌게 된 것입니다. 이후 긴자라는 이름은 일종의 지역 브랜드화 되어 전국 각지에서 '○○銀座'라는 상가가 도처에 보이게 되었습니다. 이는 '긴자처럼 ○○이 많이 모이는 번화가'라는 의미인데, 일례로 오키나와는 태풍이 많이 지나간다고 해서 '태풍긴자(台風銀座)_{たいふうぎんざ}'라고도 불립니다.

이 밖에도 일본 지명에는 지형·문화·동식물·신사와 성 등을 배경으로 한 재미있는 이름이 많은데, 도쿠시마현(徳島県)_{とくしまけん} 미요시시(三好市)_{みよしし}의 '오오보케(大歩危)_{おおぼけ}, 큰 걸음으로 서둘러 걸으면 위험)'처럼 이름만 봐도 의미를 알 수 있는 곳이 있는가 하면, '미노우시(箕面市)_{みのうし}'처럼 한자 읽기가 어려운 경우도 많아 지명 사전이 있을 정도입니다.

긴자의 랜드마크인 와코본관(和光本館)_{わこうほんかん}과 긴자욘초메교차로(銀座四丁目交差点)_{ぎんざよんちょうめこうさてん}

부록

//////////////////////

①

본문 읽기 해석 및 내용 체크 정답

②

확인 문제 정답

제1화

입 달린 차에 타다 ▶ 감언이설에 넘어가다

'쉽게 돈을 벌 수 있다'는 말을 믿었다가 속아 버렸다는 뉴스를 본 적은 없습니까? 달콤한 이야기 따위 있을 리가 없는데, 상대방의 이야기를 알아차리기 전에 속고 있는 경우가 있지요. 이럴 때 쓰이는 표현이 '입 달린 차에 타다'입니다. 일상회화에서는 흔히 '입 달린 차에 태우다'와 '입 달린 차에 태워지다'라는 형태로도 사용합니다.

이 '입 달린 차'에는 단어를 능숙하게 사용해서 말한다는 의미가 있으며, 그 유래에는 두 가지 설이 있습니다. 첫 번째는 차 바퀴의 설입니다. 옛날에는 차라고 하면 짐을 옮기는 손수레밖에 없었습니다. 이 손수레의 바퀴가 돌고 있는 모습과 입으로 능숙하게 잘 말하는 모습이 비슷하다는 것에서 생겨났다는 설입니다. 두 번째는 사람을 속이는 것을 '태우다'라고 표현

하는 것에서 차에 비유했다는 설이 있습니다. 여러분은 어느 쪽 설이 맞다고 생각합니까?

옛날부터 달콤한 이야기에는 넘어가지 않도록 '말을 타더라도 입 달린 차에는 타지 마라'고 하며 주의를 주었습니다. 말을 탈 생각이었는데, 사실은 타서는 안 될 상대의 능숙한 입 달린 차에 타서 속아 버리기 때문입니다.

한편, 비즈니스 세계에서의 '감언이설'은 영업사원에게 필요한 테크닉일지도 모릅니다. 영업 내용을 상대방에게 정확하게 전달하기 위해서는 단어를 잘 사용해서 이야기할 필요가 있기 때문입니다. 하지만 평소에도 누군가의 감언이설에 넘어가지 않도록 조심합시다.

내용 체크 1 ③ 2 ②

제2화

손소금을 뿌리다 ▶ 손수 돌보아 기르다, 보살피며 소중히 키우다

우리들에게 있어서 소금은 매우 중요한 것입니다. 소금은 간장이나 된장과 같은 조미료로 사용하는 한편, 눈이 왔을 때 도로에 뿌리거나 유리의 재료 등으로 사용하기도 합니다. 그런 소금을 사용한 말이나 독특한 문화가 일본에는 있습니다. '손소금을 뿌리다'도 자주 쓰는 표현 중 하나입니다. 그럼, 어떤 의미와 유래가 있는 것인지 살펴봅시다.

에도시대(1603~1867)에는 조미료라고 하면 소금 정도 밖에 없었습니다. 그래서 요리와 함께 '손소금'이 나왔습니다. '손소금'은 '손소금 접시'를 줄인 말로 식탁에 놓인 소금을 말합니다. 당시 사람들은 '손소금'을 사용해서 미세하게 자신의 맛으로 조정했으며, 이 모습에서 자기가 손수 돌보는 것을 '손소금을 뿌리다'라고 표현하게 되었습니다. 다시 말해 '손소금을 뿌리다'

는 '손소금을 뿌려 기른 아이'처럼 보살펴서 소중하게 키운다는 의미로 사용됩니다.

그런데 일본에서는, 소금에는 장소를 깨끗하게 하는 힘이 있다고 믿어져 왔습니다. 지금도 재해나 사고 등이 일어날 때마다 소금을 뿌려 그 장소를 깨끗하게 하거나 안전을 기원하는 문화가 있습니다. 또한 스모에서도 스모 선수가 스모 경기장에 올라간 후 소금을 뿌리는 등, 같은 문화를 볼 수 있습니다.

'손소금을 뿌리다' 외에도 '적에게 소금을 뿌리다(곤경에 빠진 적을 도와주다)'와 '푸성귀에 소금(푸성귀에 소금을 뿌린듯이 풀죽은 모양)' 등 소금에 관한 재미있는 표현이 많습니다. 소금을 요리에 너무 많이 사용하는 것은 좋지 않지만, 말이나 표현은 자꾸 사용해 봅시다.

내용 체크 1 ② 2 ③

제3화

산을 걸고 내기하다 ▶ 요행수를 노리다

'山をかける'라는 표현을 알고 있습니까? 이것은 산을 뛰어다닌다는 것이 아니라 '만일의 행운을 노리고 행동한다'는 뜻입니다. 이 표현은 시험 문제에 나올 만한 곳을 예측할 때도 자주 사용됩니다. 왜 '산을 걸고 내기하다'가 이와 같은 의미로 쓰이고 있는 걸까요? 여기에는 직업과 깊은 관계가 있습니다. 그럼 어떤 관계가 있는지 소개하겠습니다.

옛날에 산에 있는 광물을 찾는 일로 '노다지꾼'이라는 직업이 있었습니다. 그들이 '이 산에서 금이나 은이 나올 게 틀림없다'고 하면 대체로 맞았습니다. 그러나 항상 '노다지꾼'이 말한 대로 광물이 나온 것은 아니었습니다. 노다지꾼이라도 '산이 맞는' 적도 있고 '산이 틀리는' 적도 있었습니다. 이처럼 노다지꾼은 맞기도 틀리기도 하는 일이 많았기 때문에 운을 하늘에 맡기거나 자신의 경험과 감에 의지하거나 했습니다.

그래서 별로 확실하지 않은 것과 장소에도 돈을 쓰거나 사람을 일하게 하거나 했습니다. 다시 말해 '산을 걸고 내기하다'는 산에서 광물이 나올지 어떨지, 노다지꾼이 '모험'을 하고 있던 데에서 생겨난 것입니다. 시험의 경우도 어떤 문제가 나올지 예측하고 '모험'을 한다는 점에서 '산을 걸고 내기하는(요행수를 노리는)' 것입니다.

그런데 이 '산을 걸고 내기하다'와 관련된 표현으로 '山勘(사람을 속이는 사기꾼 같은 행동)'이 있습니다. 이 '山勘'은 자신의 '감'에 의지하여 적당히 '요행수를 노리는' 경우에 사용합니다.

만약 '요행수를 노려' 잘 되었다고 해도 그때만의 성공에 지나지 않기 때문에, 다음에는 제대로 준비하도록 해 주세요.

내용 체크 1 ④ 2 ①

제4화

심장에 털이 나다 ▶ 뻔뻔하다, 낯이 두껍다, 강심장이다

마음이나 심장에 관한 표현은 전 세계에 있는데, 당연히 일본어에도 있습니다. '심장에 털이 나다'도 그 중 하나입니다. 심장 따위에 털이 날 리가 없지요. 하지만 세상에는 '심장에 털이 난' 사람이 있습니다. 그럼 털이 났다고 한다면 도대체 어떤 사람일까요? 그리고 어떤 유래가 있는 걸까요?

'심장에 털이 나다'는 에도시대에 사용되었던 '간에 털이 나다'에서 유래합니다. '간'은 원래 용기나 정신력 등을 뜻하며, '간이 앉다(배짱이 두둑하다)'나 '간덩이(배짱)'과 같이 쓰였습니다. 그리고 쇼와시대(1926~1989)가 되고 나서 서양의 사고방식에 의한 영향을 받아 마음이나 심장의 의미도 나타내게 되었습니다.

털에는 피부와 몸의 여러 부분을 지키거나 강하게 하는 역할이 있다고 합니다. 만약 심장에 털이 났다면 털의 보호를 받아 튼튼하고 강한 심장이 될지도 모릅니다. 그래서 '심장에 털이 나다'는 '저 선수가 긴장하지 않는 것은 심장에 털이 났기 때문이다'와 같은 '아무것도 두려워하지 않는다'는 좋은 의미와 '돈도 안 내고 돌아다니니 심장에 털이 났다'처럼 '뻔뻔하고 낯이 두껍다'라는 나쁜 의미를 갖게 되었습니다. 그러나 '부장님께 의견을 말하다니 그는 심장에 털이 났네'의 경우는 '그는 용기가 있네'라는 의미는 물론 '그는 낯이 두껍네'라는 의미도 함께 가지고 있습니다.

만약 주위 사람들이 당신에게 좋은 의미로 '심장에 털이 났다'고 한다면 기쁠 지도 모릅니다. 하지만 까딱 잘못하다가는 뻔뻔한 사람이라고 생각될 지도 모르기 때문에 어느 쪽 의미인지 잘 생각해 봅시다.

내용 체크 1 ③ 2 ②

제5화

말이 맞다 ▶ 마음이 맞다

처음 만난 지 얼마 안 됐는데 마음이 맞아서 친구가 된 적이나 물건을 사용해 보고 나에게 잘 맞는다고 느낀 적이 있을 것입니다. 이것을 일본어로는 '말이 맞다'라고 합니다. 그러나 왜 '말이 맞다'고 하는 것일까요? 승마를 한 적이 있는 사람은 알 수 있을 거라고 생각하는데, 말은 타는 사람과의 궁합을 매우 중요하게 여깁니다. 왜 그게 중요한가 하면 사람과 마찬가지로 말에도 여러 가지 성격이 있고 말을 타고 있는 사람과 궁합이 맞아야 비로소 본래의 힘을 발휘할 수 있기 때문입니다. 그런 말과의 궁합에서 이 표현이 생겨났습니다.

그런데 말은 옛날부터 일본에서도 같은 지붕 아래에서 살고 있었을 정도로 사람과 가까운 관계에 있습니다. 그래서 '말'과 관련된 표현이 많이 있습니다. 여기서는 알아두면 편리한 두 가지 표현을 소개하겠습니다.

우선은 '살아 있는 말의 눈을 뽑다(눈 감으면 코 베어 간다)'입니다. 이것은 '빨리 행동한다' 또는 '나쁜 일에 머리가 돌아가서 방심할 수 없다'라는 뜻입니다. 사람을 속이는 것을 '사람의 눈을 뽑다'라고 하는데, 말로 바뀐 것은 말은 발이 빠른 동물로 그 속도를 강조했기 때문입니다.

다음으로 '말 귀에 염불(소 귀에 경 읽기)'입니다. 아무리 의견을 말해도 상대방이 전혀 이해하지 못한다는 뜻입니다. 가족처럼 소중한 말에게 염불을 해 줘도 의미를 몰라준다는 이야기에서 생겨났지만, 뭐 그것은 안되는 게 당연하지요.

이렇게 말에 관한 표현을 사용할 때에는 올바른 의미를 알고나서 아니면 말에 차여 창피를 당하는 일도 또한 있으니 조심합시다.

내용 체크 1 ④ 2 ②

제6화

기름을 팔다 ▶ 노닥거리다, 농땡이 부리다

기름은 요리나 약 등 다양한 곳에 사용되고 있을 정도로 우리 생활에 필요한 것 중 하나입니다. 또한 기름을 이용한 표현도 많이 있는데 그 대표적인 표현이 '기름을 팔다'입니다. 이것은 '쓸데없는 이야기를 하며 게으름을 피우다'라는 뜻인데, 왜 이런 뜻이 되었을까요?

우선은 이 표현이 생겨난 에도시대의 생활에 대해 살펴봅시다. 이 시대는 오사카가 경제의 중심으로, 여러 가지 물건들이 일본 전역에서 모여 '천하의 부엌'이라고 불렸습니다. 오사카 상인들 중에는 물건을 마을에서 팔러 다니는 사람들이 있었는데, 거기서 많은 말이 생겨났습니다. '기름을 팔다'도 그 중 하나입니다. 당시의 사람들은 튀김과 같은 음식이나 방의 등불에 기름을 사용했습니다. 그것을 동네에서 팔고 다녔던 게 기름장수였습니다. 옛날의 기름은 매우 걸쭉해서 통에 기름이 부어지기까지 꽤 시간이 걸렸습니다. 그래서 기름장수는 기름을 붓고 있는 동안에 손님과 잡담을 하며 시간을 보내고 있었습니다. 그 모습이 일을 하지 않는 것처럼 보였기 때문에 어느 사이에 '기름을 팔다'는 게으름을 피운다는 의미를 갖게 되었습니다.

이처럼 기름을 사용한 표현에는 부정적인 것이 많습니다. '기름을 붓다'도 그 예 중 하나로 불에 기름을 부으면 더 타듯이, 여러 상황에 보다 더 기세를 가한다는 뜻입니다. 그러나 이것을 일본인은 '화가 난 사람에게 하지 않아도 될 말을 한 탓에 더 화나게 해 버린다'는 의미로 자주 사용합니다. 일본어에서는 상대방에게 주의를 줄 때는 '기름을 팔다'나 '기름을 붓다' 등과 같이 사물에 비유하여 돌려서 전달합니다. 만약 이와 같이 말을 들으면 상대방에게 주의를 받고 있다는 말이니 자신의 행동을 다시 되돌아보는 것이 좋아요.

내용 체크 1 ② 2 ①

제7화

배 돌팔매 ▶ 감감 무소식

일본어에서는 'おもしろい(재미있다)'를 '面白い'처럼 한자 본래의 뜻을 무시하고 만들어진 '차용 글자'를 자주 사용합니다. 차용 글자에는 이와 같은 단어뿐만 아니라 다양한 표현에도 사용됩니다. 그 대표적인 표현이 '배 돌팔매'입니다.

친구에게 메시지를 보냈음에도 불구하고 답장이 없었던 경험이 있을 것입니다다. 그리고 답장을 하지 않는 사람에게 이 얼마나 심한 사람인가라고 느끼는 사람도 있습니다. 그럴 때 '몇 번이나 연락했는데 배 돌팔매였다'고 합니다. '배 돌팔매'는 '상대방으로부터 대답이 없다, 무시당하고 있다'라는 뜻입니다.

'つぶて'라는 단어를 별로 들어본 적이 없을 거라 생각합니다. 이것은 던지는 돌, 또는 조약돌을 말합니다. 조약돌을 강에 던지면 두 번 다시 돌아오지 않습니다. 즉, 여기서의 'つぶて'는 연락을 해도 던진 돌처럼 대답이 돌아오지 않는 모습을 비유하고 있는 것입니다.

그런데 'つぶて'에는 눈을 감다라는 뜻의 '目をつぶる'의 차용 글자라는 설이 있습니다. '目をつぶる'는 못 본 척 한다는 뜻이 됩니다. 이 'つぶる(감다)'는 'つぶって(감고)'로 활용하는데, 이것이 'つぶて'와 비슷하다는 설입니다.

원래 '梨のつぶて(배 돌팔매)'는 '無しのつぶて(없는 돌팔매)'라고 썼었습니다. 이러면 없는 것은 던질 수 없을 뿐으로 딱히 의미가 없습니다. 그러나 '없음' 대신 과일인 '배'를 차용 글자로 사용함으로써 사물로서의 이미지를 떠올리기가 쉬워졌습니다. 즉 '없음'과 '배'를 결부시킨 말놀이였던 것입니다.

최근에는 스마트폰에 다 확인할 수 없을 정도로 많은 메시지가 오기 때문에 답장을 잊어버리기 십상입니다. '배 돌팔매'가 되지 않도록 메시지에는 답장을 하도록 합시다.

내용 체크 1 ③ 2 ④

제8화

가슴을 빌리다 ▶ 한 수 배우다

스포츠 세계에서는 자신의 팀보다도 강한 상대와 시합을 하는 일이 있습니다. 그 이유는 자신들의 실력이 얼마나 되는지를 확인하기 위해서입니다. 비록 이기지 못하더라도 좋은 시합이 되면 자신감으로 이어집니다. 그런 강하고 실력이 있는 사람이 연습 상대가 되어 주는 것을 '가슴을 빌리다'라고 합니다.

이 표현은 원래 스모 용어였습니다. 스모 선수는 '헤야(방)'이라고 불리는 곳에서 생활을 하면서 연습에 임합니다. 스모 선수는 같은 수준의 사람들끼리 연습해서는 강해질 수 없습니다. 그래서 요코즈나(스모 선수 중 최고의 등급, 제1인자)와 오제키(요코즈나의 다음 등급)처럼 쉽게 이길 수 없을 것 같은 상대와도 연습을 합니다. 이것을 '부딪치기 연습'이라고 합니다. 이 연습에서는 받는 쪽을 센 스모 선수가 맡으며, 젊은 스모 선수가 그 가슴을 향해 돌진합니다. 처음에는 쉽게 지기만 하지만 점차 좋은 승부를 하게 됩니다.

이런 연습을 반복하기 때문에 실력이 올라 다음의 요코즈나와 오제키로 성장해 가는 것입니다. 이렇게 실력 있는 스모 선수의 가슴을 빌려 연습하는 모습에서 '가슴을 빌리다'가 생겨났습니다.

지금은 스모 등의 스포츠는 물론, 비즈니스 세계에서도 '가슴을 빌리다'를 자주 사용합니다. 특히 큰 프로젝트의 경우는, 중소기업이 대기업을 상대하는 것은 매우 힘든 일입니다. 돈과 경험 등 모든 것에 있어서 상대의 격이 위이기 때문입니다. 하지만 중소기업의 비지니스맨들은 '(이왕) 프로젝트에 참여할 바에는 한 수 배우는 마음으로 노력하자'는 기분을 담아 도전합니다.

강한 상대에게 도전하는 것은 매우 용기가 필요합니다. 그러나 더 강해지기 위해서는 상대의 '가슴을 빌리는' 것도 중요한 것입니다.

내용 체크 1 ③ 2 ④

제9화

차를 흐리게 하다 ▶ 어물쩍 넘어가다

일본에는 다도라는 문화가 있습니다. 다도란, 다실이라는 방에서 마음을 진정시키고 말차를 끓여 그것을 손님에게 대접하는 것입니다. 이 다도에는 말차를 끓이는 방법부터 마시는 방법까지 예법이라는 정해진 규칙이 있으며, 그것에 반드시 따르게 되어 있습니다. 그런 다도에서 나온 표현이 '차를 흐리게 하다'입니다. 이 표현은 다도의 예법을 잘 모르는 사람이 말차를 휘저어 흐리게 해서, 마치 아는 것처럼 행동하는 모습에서 나왔습니다. 그리고나서 '적당히 말하거나 행동하여 그 자리를 얼버무리다'라는 뜻이 되었습니다.

이 '차를 흐리게 하다'는 어떤 상황에서 사용되는 것일까요? 어느 날 친구가 "월급 얼마나 받아?"라고 물었습니다. 그것에 대해서 당신은 분명하게 대답하고 싶지 않기 때문에, '보통의 직장인과 같으려나'라고 애매하게 대답하거나 명확하게 대답하지 않고 그 자리를 벗어나는 일이 있을 거라고 생각합니다. 이럴 때 '차를 흐리게 했다(어물쩍 넘어갔다)'라고 합니다. 이 밖에도 '술자리가 있었는데 귀찮아서 어물쩍 넘기고 돌아왔다'와 같이도 사용합니다.

그런데 일본인들은 이 '어물쩍 넘어가다'를 '말을 얼버무리다'와 자주 잘못 사용합니다. '말을 얼버무리다'는 '그는 그 사건에 대해 말을 하려다 말았지만(하려다 말고는), 말을 얼버무렸다'처럼 분명하게 말하지 않을 뿐 행동하고 얼버무린다는 의미는 없습니다.

일본인은 여러 가지 일을 애매하게 얼버무리는 일이 있는데, 외국인 입장에서 보면 무책임하게 보여 버릴지도 모릅니다. 그러나 이것은, 일본인 나름의 주위 사람들과 좋은 관계를 유지하기 위해 필요한 독특한 문화인 것입니다.

내용 체크 1 ④ 2 ①

제10화

벌레가 좋다 ▶ 자기중심적이다, 뻔뻔하다

옛날부터 일본인은 매미나 방울벌레와 같은 계절 벌레를 기르거나 벌레의 음색을 즐겨 왔습니다. 하지만 그런 벌레만 있는 것은 아닙니다.

세상에는 제대로 일하지 않는 주제에 새 차를 갖고 싶다고 말하는 사람이 있습니다. 그런 이야기를 들으면 그런 말을 잘도 하네 라고 말하고 싶어지지요. 이런 사람에 대해서 일본어로는 '저 사람은 벌레가 좋다'라고 말합니다. 원래 '벌레가 좋다'에는 자기 몸 안에 있는 벌레의 기분이 좋다, 또는 기분이 좋게 한다라는 의미가 있습니다. 거기서부터 자신에게 사정이 좋은 것만 생각하고, 제멋대로 행동하는 것이나 뻔뻔스러운 것을 가리키는 의미가 되었습니다. 왜 벌레가 이런 의미로 쓰이게 되었을까요? 그 유래에 대해서 알아 보겠습니다.

중국의 '도교'에 따르면 인간에게는 태어날 때부터 몸 안에 3마리의 벌레가 있다고 생각되어 왔습니다. 그 3마리의 벌레가 머리와 배, 다리에 있어서 눈을 나쁘게 하거나 배탈이 나거나 다리병을 일으키는 원인이라고 믿었습니다. 즉, 지금과 비교해서 의학이 발달하지 않았던 시절에는 뱃속의 벌레 탓에 병에 걸린다고 생각했던 것입니다. 이것이 도교를 통해 일본으로 전해지고 에도시대부터 벌레는 인간의 마음이나 행동에 영향을 준다고 생각하여 '벌레가 좋다'라는 표현이 생겨난 것입니다.

그런데 일본어에는 '벌레가 좋다' 외에도 몸 속에 있는 벌레에 관한 표현이 여러 가지 있습니다. 그리고 그 대부분이 '기분이 언짢다'와 '까닭 없이 싫다'처럼 부정적으로 쓰이고 있습니다. 몸 속에 있는 벌레라고 들으면 좋은 이미지를 가질 수 없기 때문이겠지요. 여러분도 '벌레가 좋다'는 말을 듣지 않으려면 발언과 행동에 주의하는 것이 좋습니다.

내용 체크 1 ③ 2 ①

제11화

1이냐 8이냐 ▶ 흥하든 망하든, 모 아니면 도

룰렛 게임을 알고 있습니까? 룰렛에 구슬을 던져 넣고 그 구슬이 떨어지는 장소를 맞히는 게임입니다. 맞든 빗나가든 운을 하늘에 맡기고 승부를 봅니다. 이때 일본어로는 '잘 될지 모르겠지만 1인지 8인지 해보자'라는 표현을 사용합니다. 왜 '1'과 '8'이라는 숫자를 사용하고, '하치'를 '바치'라고 읽는 것일까요?

이 표현은 도박의 세계에서 생겨난 표현입니다. 먼저 '8'을 사용하게 된 것은 주사위를 사용한 내기의 '짝수냐 홀수냐'가 유래입니다. 정은 짝수, 반은 홀수입니다. 이 도박에서는 두 개의 주사위를 사용하여 합한 숫자가 짝수인지 홀수인지를 맞추었습니다. 그리고 도박을 시작할 때 '짝수냐 홀수냐, 자 어느 쪽'이라고 말했습니다. 이 丁(정)과 半(반)의 한자 첫 부분을 뗀 것이 '一'과 '八'의 유래입니다. 옛날에 '半'은 처음 부분이 '八' 모양을 하고 있었습니다. 즉, 한자의 일부

를 사용해서 나타내고 있는 것입니다.

그 다음에 '八'을 '바치'라고 읽는 이유로, '罰(벌)'이 유래인 설입니다. 이 '罰'의 읽는 방법은 '바츠'이지만, '(천)벌을 받다'의 경우는 '바치'라고 읽습니다. '바치'는 하나님이나 부처님이 사람에게 벌을 주신다는 뜻입니다. 이 '바치'는 옛날 중국에서의 읽는 법이 일본에 전해졌다는 설이 있습니다. 그 후 이 표현에서 벌을 대신하여 비슷한 음인 한자 '八'이 쓰이게 되었다는 것입니다.

일본인은 3(三)과 8(八)을 좋아하는 사람이 많다고 합니다. 3은 균형 잡힌 숫자라고 생각하기 때문입니다. 또 8은 아래로 갈수록 퍼져 있기 때문에 조금씩 나아진다는 의미가 있습니다. 일본어에는 3이나 8을 비롯하여 숫자에 관한 여러 가지 의미와 표현이 있으니 한 번 조사해 보세요.

내용 체크 ◀ 1 ② 2 ④

제12화

고등어를 세다 ▶ 숫자를 속이다

여러분은 자신의 나이를 물어서 한두 살 적게 말해 버리는 일은 없습니까? 이것을 일본어로는 '고등어를 세다'라고 합니다. 이 표현은 실제 숫자보다 크게 말하거나 작게 말하여 속인다는 뜻입니다. 여기서 '読む'는 '표수를 세다'나 '초읽기'와 같이 수를 세는 의미로 사용하고 있습니다. 이 표현에서 사용되는 '고등어'는 생선인 '고등어'를 말합니다. '고등어'는 다른 생선에 비해 푸릇푸릇한 생선이기 때문에, 이 한자가 할당되었습니다. 그럼, '고등어를 세다'의 유래를 함께 알아 봅시다.

갓 잡은 고등어는 신선합니다. 그러나 아무리 신선하다고 해도 시간이 지나면 썩어 버립니다. 이 표현이 생긴 에도시대에는 현재와 같은 냉장이나 냉동 기술이 없었습니다. 그렇기 때문에 시장에서는, 어부나 생선장수는 고등어가 썩으면 안 되니까 가능한 한 빨리 팔았습니다. 그리고 서둘러서 세었더니 손님이 주문

한 숫자와 판 숫자가 다른 적이 많았습니다. 이것에서 '고등어를 세다'가 생겨났습니다.

이 '고등어를 세다'에는 또 하나 유래가 있습니다. 현재의 후쿠이현에서 시가현을 지나 교토에 걸쳐 '사바 가이도'라고 불리는 길이 있습니다. 옛날에는 항구에서 잡아 올린 고등어는 즉시 소금에 절여 이 길을 통해 교토로 운반되었습니다. 그리고 교토에 도착했을 때는 간이 맞아서 딱 먹기 좋은 때가 되어 있었습니다. 다만, 이 운반 일수가 길어져 버리면 고등어가 썩을 우려가 있습니다. 그래서 운반되는 일수를 적게 말했다는 설이 있습니다.

그런데 상대방이 무언가를 물었을 때 잘 보이려고 '숫자를 속이는' 일이 있는 것 같습니다. 알 리가 없다고 생각해도 상대방은 눈치채고 있을지 모르니 조심합시다.

내용 체크 ◀ 1 ③ 2 ①

제13화

잔디에 앉다 ▶ 연극

일본인들은 연극을 보러 가는 것을 흔히 '芝居(시바이)に行く'라고 말합니다. 일본에서는 가부키(에도시대에 발달한 일본의 전통 연극)나 오페라 등의 연극을 '시바이'라고도 합니다만, 왜 '시바이'라고 하는 것일까요. 이것은 일본의 전통 예능만 알면 이해하기 쉽습니다. 그 유래를 함께 알아 봅시다.

먼저 연극과 '시바이'의 의미 차이부터입니다. 연극은 오페라나 뮤지컬 등의 본격적인 무대를 가리킵니다. 그러나 '시바이'는 연극과 같은 의미로 사용되지만 가부키나 인형극 등 어느 쪽인가 하면 전통적이고 대중적인 이미지가 있습니다. 또한 '연극을 꾸미다'처럼 상대방을 속이는 연기를 한다는 의미로 사용할 때가 있지만 演劇(연극)은 사용하지 않습니다.

원래 일본의 전통 예능인 노가쿠(일본의 대표적인 가면(仮面) 음악극의 총칭)나 가부키와 같은 연극은 절이나 신사에서 행해지고 있어서, 남에게 보여주기 위한 것이라기보다도 신에게 보여주기 위한 것이었습니다. 옛날에는 연극을 할 때마다 관객들은 잔디를 끈으로 둘러싸 만들어진 자리에 앉아서 보았습니다. 그 무렵에는 절이나 신사의 잔디를 '시바이'라고 해서 신성한 장소라고 생각했다고 합니다. 그런 신성한 장소여야 할 '시바이'가 무로마치시대(1338~1573) 이후 '잔디 위에 앉아서 본다'는 것에서 관람석의 의미로도 쓰이게 되었습니다.

현재와 같이 연극을 '시바이'라고 부르게 된 것은 에도시대부터입니다. 이 시대에는 가부키가 많은 사람들에게 인기가 있었습니다. 에도와 오사카 등에 가부키를 보는 극장이 만들어져 '시바이 고야(연극 오두막)'이라고 불리고 있었습니다. 그리고 점차 '시바이'의 의미가 확산됨에 따라 객석을 포함한 극장뿐만 아니라 연극과 연기의 의미도 가지게 되었습니다.

일본어 중에는 '시바이'와 같이 다양한 어원이나 유래가 있는 말이 많습니다. 다양한 의미는 물론 재미도 숨어 있으니까 꼭 조사해 보세요.

내용 체크 1 ① 2 ②

제14화

족제비 놀이 ▶ 서로 같은 주장을 반복하여 언제까지나 결정되지 않다

여러분들은 어렸을 때 어떤 놀이를 했습니까? 일본 아이들의 놀이에는 참참참 놀이(가위바위보를 한 후 이긴 쪽이 진 쪽의 얼굴을 향해 상하좌우로 가리켜 방향을 일치시키는 놀이)나 죽방울(십자가 모양의 검과 구멍이 뚫린 구슬로 만들어진 장난감의 일종), 줄넘기 등이 있습니다. 이와 같은 놀이는 시대를 막론하고 부모에서 자식으로 오랜 세월에 걸쳐 전해져 온 것이 많습니다. '족제비 놀이'도 에도시대 아이들의 놀이가 유래입니다. 여기에서 'ごっこ(놀이)'란 두 사람 이상이 번갈아 가며 같은 동작을 하거나 무언가를 흉내낸다는 의미입니다. 술래잡기나 의사 놀이 등과 같이 자주 사용됩니다. 그럼 이 '족제비 놀이'는 어떤 놀이인지, 그리고 어떻게 쓰이는지 살펴 봅시다.

그런데 '족제비'란 무엇인지 알고 있습니까? '족제비'는 몸이 가늘고 긴 작은 동물로 밤에 활동을 합니다. 옛날부터 마을 근처의 숲이나 집의 다락 같은 데서 살았기 때문에, 개나 고양이와 같은 친근한 동물이었습니다. 그런 동물이었던 만큼 아이들의 놀이에도 나오는 것입니다.

'족제비 놀이'라는 놀이는 둘이서 마주보며 '족제비 놀이, 쥐 놀이' 하면서 서로 상대방의 손등을 집고 자기 손을 그 위에 올려놓습니다. 그것을 반복하는 것인데 누군가 그만두겠다고 말하지 않는 한 끝나지 않는 놀이입니다. 이 모습에서 서로 같은 주장을 반복하며 언제까지나 결정되지 않는다는 의미로 쓰이게 되었습니다.

이 '족제비 놀이'는 '회의에서는 자기들의 의견만 말해서 족제비 놀이 같았다' 등 부정적인 상황에서 자주 사용됩니다. 이렇게 자신의 의견을 관철시키는 것만으로는 논의할 수가 없겠지요. 그래서 서로의 이야기를 잘 들어 '족제비 놀이'가 되지 않도록 하고 싶네요.

내용 체크 1 ② 2 ④

제15화

발이 나오다 ▶ ① 예산이 초과되다 ② 들키다

일본어의 발에는 크게 사람의 발과 돈의 두 가지 의미가 있습니다. 왜 발이 돈과 관계가 있는 것일까요? 헤이안시대(794-1192)에 궁중에서 일했던 여성들은 돈을, 세상을 돌아다닌 끝에 다시 돌아오는 모습에서 '발'이라고 불렀다고 합니다. 그리고 이 '발'과 '사람의 발'의 의미에서 '발이 나오다'라는 표현도 생겼습니다. 평소 지출이 많아 적자가 된다는 의미라든가, 숨기고 있던 것을 사람들에게 들키다라는 의미로 사용합니다. 이 표현은 전자는 기모노와 후자는 연극과 관계가 있습니다. 각각 어떤 관계가 있는지 그 유래에 대해 살펴 봅시다.

먼저 기모노에 관한 유래입니다. 에도시대 사람들은 기모노를 포목점이라는 전문점에서 만들었습니다. 그러나 포목점에 의뢰했는데 크기가 맞기커녕 천이 부족해 너무 짧아서 기모노에서 '발이 나오는' 일이 있

었습니다. 하지만 예산을 초과할 수는 없었기 때문에 어쩔 수 없이 짧은 기모노를 입을 수밖에 없었습니다. 이렇게 '발이 나오다'는 예산 내 금액으로는 기모노가 완성되지 않았다는 이야기에서 적자의 의미가 되었다는 것입니다.

다음으로 연극에 관한 유래에 대해서입니다. 어느 날 연극에서 말 역할을 하던 사람이 연기를 하는 도중에 무심코 자신의 발이 나온 것을 손님에게 들켜 버렸습니다. 이 사건에서 '발이 나오다'가 '남에게 들키다'라는 의미로도 쓰이게 되었습니다. 아무리 의상을 입고 있었다고는 하지만, 자신의 발이 손님에게 보여졌기 때문에 창피했겠지요.

최근에 '발이 나오다'는 적자의 의미로 자주 쓰이고 있습니다. 여러분도 평소 생활에서 적자가 나지 않도록 조심해 주세요.

내용 체크 1 ① 2 ②

제1화 口車に乗る

1

1 口先<ruby>くちさき</ruby>　　　　2 気がついた

3 だます　　　　4 きちんと

2

1 A　　2 C　　3 D　　4 B

3

1 A(BADC)　　　　2 B(ADBC)

3 A(BCAD)　　　　4 D(CBDA)

4

1 パクさんは、もうすぐここに来るはずです。

2 今日はお客さんが少ないので、忙しいわけがありません。

3 誰も気がつかないうちに、イさんは帰っていました。

4 普段、休みの日と言えば、家でゴロゴロしています。

제2화 手塩にかける

1

1 まく　　　　2 独特<ruby>どくとく</ruby>

3 調整<ruby>ちょうせい</ruby>　　　　4 面倒<ruby>めんどう</ruby>

2

1 C　　2 A　　3 B　　4 D

3

1 D(BDAC)　　　　2 B(ADBC)

3 D(CDAB)　　　　4 A(DBAC)

4

1 台風が来るから、会社を休むしかないです。

2 うまい話にだまされる人がいる一方で、そうじゃない人もいます。

3 日本のマンガやアニメに関する雑誌を読んでみます。

4 インターネットでお店を予約してから、藤本さんに電話をします。

제3화 山をかける

1

1 予測<ruby>よそく</ruby>　　　　2 万が一<ruby>まんいち</ruby>

3 ねらう　　　　4 成功<ruby>せいこう</ruby>

2

1 C　　2 A　　3 D　　4 B

3

1 B(DABC)　　　　2 A(CABD)

3 A(BDAC)　　　　4 C(ACDB)

4

1 あのうどん屋は、いつも人が少ないからおいしくないに違いない。

2 この音楽はとても有名ですが、今だけの人気にすぎません。

3 島田さんはお金持ちだから、高い車を持っているわけです。

4 会場までバスで行く人もいれば、地下鉄で行く人もいます。

제4화 心臓に毛が生えている

①

1 役割 　　　　　　2 いったい

3 一歩間違える 　　4 厚かましい

②

1 B 　　2 D 　　3 C 　　4 A

③

1 A(CABD) 　　　　2 C(BDCA)

3 C(ADCB) 　　　　4 A(BACD)

④

1 山田さんは、このうわさを誰かに言いかねない。

2 1ヶ月休みがもらえるとしたら、バイクで北海道に行きたいです。

3 寺田さんが面白いことを言うなんて、想像もできない。

4 人々の力によって、街がとてもきれいになりました。

제5화 馬が合う

①

1 本来 　　　　　　2 理解

3 油断 　　　　　　4 気が合う

②

1 A 　　2 D 　　3 B 　　4 C

③

1 A(BADC) 　　　　2 C(BDCA)

3 D(CDBA) 　　　　4 A(DBAC)

---

④

1 ユンさんは元気な人だから、病気にならないだろうと思う。

2 注意されてはじめて、道を間違えていたことを知りました。

3 この表現を習ったばかりでしたが、忘れてしまいました。

4 なぜ先生になりたいかと言うと、子どもが好きだからです。

제6화 油を売る

①

1 様子 　　　　　　2 否定的

3 遠回し 　　　　　4 むだ話

②

1 D 　　2 B 　　3 A 　　4 C

③

1 D(BDCA) 　　　　2 A(CBAD)

3 C(ACBD) 　　　　4 B(CABD)

④

1 カメラが古いので、新しいものを買い直します。

2 このお寺は、庭が有名なことから、多くの観光客が来ます。

3 学生の時に、経営学について勉強しました。

4 3年も会わない間に、お互いに年を取りました。

제7화 梨のつぶて

①

1 活用（かつよう）　　2 様々（さまざま）

3 無視（むし）　　4 届く（とど）

②

1 A　　2 C　　3 D　　4 B

③

1 B(DBAC)　　2 C(DCAB)

3 A(CDAB)　　4 C(ADCB)

④

1 そんなに持（も）ってきても食（た）べきれないですよ。

2 都会（とかい）では、困（こま）っている人を見ないふりをしがちです。

3 パクさんは、なんて肝（きも）がすわっている人なのだろう。

4 昨日（きのう）から頭（あたま）が痛（いた）いばかりでなく、熱（ねつ）もあります。

제8화 胸を借りる（むね　か）

①

1 挑戦（ちょうせん）　　2 自信（じしん）

3 目指して（めざ）　　4 次第に（しだい）

②

1 C　　2 B　　3 A　　4 D

③

1 B(DBCA)　　2 D(CBDA)

3 A(BACD)　　4 D(CADB)

④

1 お金（かね）の使（つか）いすぎを注意（ちゅうい）したが、やめそうにもない。

2 ミスをすることがあるからこそ、気（き）をつけないといけないです。

3 たとえ友（とも）だちに反対（はんたい）されても、その話（はなし）に乗（の）ってみたいです。

4 あなたがそんなに言うからには、必（かなら）ず当（あ）たるんでしょうね。

제9화 お茶をにごす（ちゃ）

①

1 あたかも　　2 維持（いじ）

3 落ち着いた（お　つ）　　4 したがう

②

1 B　　2 C　　3 D　　4 A

③

1 C(BDCA)　　2 D(CBDA)

3 B(DBAC)　　4 C(ACBD)

④

1 来週（らいしゅう）、新（あたら）しいスマートフォンが届（とど）くかな。

2 ジョンさんはやさしいとみえて、そうではありません。

3 あの人は、自分（じぶん）で見たかのように、人に話（はな）しています。

4 デパートで、カバンがコップに当（あ）たって落（お）としかけました。

제10화 虫(むし)がいい

❶

1 発言(はつげん)　　2 自分勝手(じぶんかって)

3 飼(か)う　　　　4 発達(はったつ)

❷

1 C　　2 A　　3 D　　4 B

❸

1 C(BDCA)　　2 D(CADB)

3 A(CADB)　　4 B(ACBD)

❹

1 夏休(なつやす)みには、よく自由研究(じゆうけんきゅう)に取(と)り組(く)んだものだ。

2 あなたの言(い)っていることが、すべて間違(まちが)いだとは限(かぎ)らない。

3 ここに新(あたら)しいビルを建(た)てるには、4年(よねん)かかるそうです。

4 いつも知(し)らないふりをするくせに、今日(きょう)はなんで注意(ちゅうい)をするんですか。

제11화 一(いち)か八(ばち)か

❶

1 かけ事(ごと)　　2 少(すこ)しずつ

3 投(な)げ入(い)れる　　4 バランス

❷

1 B　　2 A　　3 C　　4 D

❸

1 C(ACBD)　　2 D(BDCA)

3 D(CADB)　　4 B(DBAC)

❹

1 今年(ことし)は、英語(えいご)をはじめ様々(さまざま)な言葉(ことば)を勉強(べんきょう)したいです。

2 新(あたら)しいにしても、古(ふる)いにしても、自転車(じてんしゃ)が必要(ひつよう)です。

3 来週(らいしゅう)までにやってこなければ、先生(せんせい)が罰(ばつ)を与(あた)えるということです。

4 あの力士(りきし)は、何度(なんど)も横綱(よこづな)とけいこするにつれて、強(つよ)くなってきた。

제12화 サバを読(よ)む

❶

1 新鮮(しんせん)　　　　2 とれる

3 食(た)べ頃(ごろ)　　　4 数(かぞ)えて

❷

1 D　　2 A　　3 B　　4 B

❸

1 D(ACDB)　　2 A(DACB)

3 B(CBAD)　　4 C(DBCA)

❹

1 こんなところに置(お)いておくと、誰(だれ)かが持(も)っていくおそれがある。

2 これは新(あたら)しい技術(ぎじゅつ)だといっても、2年後(にねんご)には古(ふる)くなります。

3 初(はじ)めて買(か)った材料(ざいりょう)で作(つく)ったところ、とてもまずかったです。

4 周(まわ)りがうるさいから、声(こえ)なんか聞(き)こえっこないです。

제13화 芝居（しばい）

①
1 隠（かく）れて　　2 本格的（ほんかくてき）
3 違（ちが）い　　4 人気（にんき）

②
1 B　　2 A　　3 C　　4 D

③
1 D(CADB)　　2 A(BACD)
3 C(DACB)　　4 B(DBAC)

④
1 運（うん）を天（てん）に任（まか）せないで、自分（じぶん）でがんばるべきです。
2 大山（おおやま）さんは頭（あたま）が回（まわ）るのみならず、行動（こうどう）も早（はや）いです。
3 西洋（せいよう）の影響（えいきょう）は、言葉（ことば）はもとより食（た）べ物（もの）にも見（み）られます。
4 海（うみ）で泳（およ）ぐというよりも山（やま）に登（のぼ）りたいです。

제14화 いたちごっこ

①
1 動作（どうさ）　　2 言（い）い合（あ）い
3 交互（こうご）　　4 まね

②
1 B　　2 A　　3 D　　4 C

③
1 C(BDCA)　　2 D(CBDA)
3 B(DBAC)　　4 C(BACD)

④
1 この祭（まつ）りは、大人（おとな）子供（こども）を問（と）わず多（おお）くの人が訪（おとず）れます。
2 夫（おっと）が帰（かえ）ってこない限（かぎ）り、眠（ねむ）れません。
3 地図（ちず）がないので、集（あつ）まる場所（ばしょ）に行（い）きようがないです。
4 兄（あに）は背（せ）が高（たか）いだけに、棚（たな）の上（うえ）に手（て）が届（とど）きます。

제15화 足（あし）が出（で）る

①
1 うっかり　　2 赤字（あかじ）
3 出費（しゅっぴ）　　4 足（た）りなくて

②
1 D　　2 A　　3 C　　4 B

③
1 A(DBAC)　　2 B(ACBD)
3 B(CBAD)　　4 C(BDCA)

④
1 当（あ）たり外（はず）れがあるとはいえ、あのラーメン屋（や）は本当（ほんとう）にまずい。
2 あの営業（えいぎょう）マンに何回（なんかい）もだまされているので、信（しん）じるわけにはいかない。
3 何度（なんど）もやってみた末（すえ）に、うまくいきました。
4 みんなが誘（さそ）うので、飲（の）み会（かい）に行（い）かざるをえない。